Das Quanten-Wunder

Marion Deym

Das Quanten-Wunder

Ein Wunder für mich – und eins für die Welt

Bibliografische Information der Deutschen Nationalbibliothek:
Die Deutsche Nationalbibliothek verzeichnet diese Publikation in
der Deutschen Nationalbibliografie; detaillierte bibliografische Daten
sind im Internet über dnb.d-nb.de abrufbar.

TWENTYSIX – der Self-Publishing-Verlag
Eine Kooperation zwischen der Verlagsgruppe Random House und
BoD – Books on Demand, Norderstedt
© 2019 Deym, Marion
Satz, Herstellung und Verlag:
BoD – Books on Demand, Norderstedt
ISBN: 978-3-7407-6198-1

Spannende Erkenntnisse der Quantenphysik und
›WUNDER‹ – Analysen
im Christentum, im Buddhismus und im Schamanismus
eröffnen Ihnen einen Weg, der Sie zu Ihrer
persönlichen Wunscherfüllung oder sogar
zu Ihrem persönlichen Wunder führen kann.
Je intensiver Sie sich mit der
Materie befassen, desto magischer wird es.

Ich widme dieses Buch meinen
über alles geliebten Kindern
Philippa, Constantin, Richard und Yasmin
und Lupo

Danke Yasmin, Danke Alexis, Danke Philippa
für Eure große Hilfe

Teil 1 – **Wunder in unserer Welt**
Für alle, die es genau wissen möchten

Teil 2 – **Der blitzschnelle Weg zur Praxis**
Für die Eiligen, die schnell ›zur Sache‹ kommen möchten

Teil 3 – **Zur Sache: zur Praxis**
Fünf Schritte zur Wunscherfüllung/zum Wunder

Teil 4 –**Ein Wunder für die Welt**
Wenn möglich: Noch ein Wunder für die Welt

Inhalt

Wie wär's mit einem Wunder?

Es gibt Momente, in denen wir uns ganz dringend ein Wunder wünschen. Manchmal läuft etwas schief in unserem Leben. Vielleicht haben Sie Ihren Job verloren, das Geld wird knapp und die Nerven liegen blank. Oder die ›Liebe Ihres Lebens‹ ist auf und davon und nichts geht mehr. Oder Sie sind krank und mutlos. Oder Sie müssen eine schwere Prüfung wiederholen. Oder Sie wollen einfach nur Weltmeister werden. Es gibt so vieles – für Jung und Alt, für Arm und Reich – immer wieder einmal sehnen wir es herbei: »Jetzt kann nur noch ein Wunder helfen.« Was aber genau ist ein Wunder?

Ein Wunder ist ein außergewöhnliches Ereignis, das »*den Gesetzmäßigkeiten von Natur und Geschichte scheinbar oder wirklich widerspricht.*« (Wikipedia). Es ist »*etwas, was in seiner Art, durch sein Maß an Vollkommenheit das Gewohnte, Übliche so weit übertrifft, dass es große Bewunderung, großes Staunen erregt*«. (duden.de). Es wird »*deshalb der unmittelbaren Einwirkung Gottes, der Götter, einer göttlichen Macht oder übernatürlichen Kräften zugeschrieben.*« (Brockhaus).

Stimmt das? Ist ein Wunder tatsächlich ein unerklärliches, willkürliches Geschehen? Entzieht es sich aller unserer Logik? Sie werden gleich erkennen: Im gefühlsbetonten Glauben an ein Wunder steckt mehr rationale Quantenphysik, als Sie sich bisher vorstellen konnten.

Wir haben von Wundern von Jesus Christus, von Heiligen, von indischen Meistern und von Geistheilern gehört. Aber auch Zauberer, Magier und Scharlatane vollbringen vermeintliche Wunder. Mal sind die Wunder echt, mal sind sie Betrug. In jedem Fall üben sie eine unglaubliche Faszination auf uns aus, und wenn sie geschehen, rufen sie unendliches Glück und riesengroße Freude hervor.

Die grundlegende Frage lautet jetzt: »Ist es überhaupt möglich, dass Wunder geschehen? Und wenn ja, was können wir tun, damit auch wir eins erleben?« Der Buddhist Paramahansa Yogananda behauptet, dass große Meister Wunder vollbringen können: »*Alle Dinge, die sich in unserem präzise aufgebauten Universum ereignen, geschehen gesetzmäßig und lassen sich gesetzmäßig erklären. Die sogenannten Wunderkräfte eines großen Meisters sind eine natürliche Folgeerscheinung seiner genauen Kenntnis der feinstofflichen Gesetze, die den inneren Kosmos des Bewußtseins regieren. In Wirklichkeit kann daher nichts als »Wunder« bezeichnet werden, es sei denn, daß man im tieferen Sinne alles als Wunder ansieht.*« (Paramahansa-1, S: 356).

Die ›Kenntnis der feinstofflichen Gesetze‹ ist also der Schlüssel zu dem, was man Wunder nennt. Gelingt es auch uns, mit dieser Kenntnis eins zu erleben? Die gute

Nachricht ist: Ja, wir können es tatsächlich schaffen, wenn alles passt. Sobald wir erkannt haben, worum es tatsächlich geht bei einem Wunder, können wir uns mit Feuereifer ans Werk machen. Ihr Ziel vor Augen formulieren Sie Ihren Wunsch ganz präzise – und los geht's!

Wahr ist: Ein Wunder ›selber machen‹ geht auf keinen Fall. Es ist immer ein Geschenk und meistens eine Überraschung. Aber mit der hier vorgestellten Praxis-Methode können Sie ein Wunder anziehen. Wenn Sie dann auch noch durchhalten, ist die Erfüllung möglich. Es geschieht nichts auf Knopfdruck, Sie brauchen Geduld. Aber eins ist sicher: Allein der Weg ist sensationell spannend und macht großen Spaß.

Jetzt einmal konkret: Wer beschenkt uns? Warum? Wie schaffen wir es, dass ein Wunder oder zumindest eine wunderbare Wunscherfüllung zu uns kommt? Was sollen wir tun und wie müssen wir uns verhalten?

Ein Exkurs vorab: Wer bin ich?

Fast jeder von uns denkt: »Ich bin mein Körper« und identifiziert sich mit seinem Körper. Dieser aber ist tatsächlich nur ein Gebilde von herumschwingenden Atomen. Er verändert sich in jeder Sekunde, kaum wahrnehmbar, aber über die Jahre hinweg total und radikal. Erst war er ein befruchtetes Ei, dann ein Baby, dann ein Erwachsener, zum Schluss wird er zu Erde. Nichts bleibt, alles ist immer im Fluss, wir entstehen, wir verwandeln uns und wir vergehen.

Die herumschwingenden Atome bestehen aus dem Atomkern, den Elektronen, die diesen umkreisen, und gigantisch viel leerem Raum. Carlo Rubbia (italienischer Physiker, Nobelpreis 1984) hat bewiesen, dass dieser leere Raum im Verhältnis von 1.000.000.000 : 1 zur Materie steht. Also bestehen auch wir nur zu einem Milliardstel aus Materie und zu 99,999 …% aus leerem Raum. Wir können uns zwar anfassen, aber nur, weil die Atome so blitzschnell herumwirbeln. Eigentlich fassen wir ins Leere, nichts ist wirklich greifbar, wir erkennen: Nichts ist da. Aber wer oder was bin ich dann tatsächlich?

Für Quantenphysiker ist der leere Raum nicht wirklich leer, er ist quantenmechanische Energie. In Wahrheit bin also auch ich zu 99,99 … % Energie. Man könnte sagen, ich bin ein Energie-Wesen oder ganz einfach, ich bin Bewusstsein.

Ich identifiziere mich zwar hier in unserer Welt mit meinem Körper, aber er ist nur mein Hilfsmittel, mit dem ich mein Leben führe. Mein Bewusstsein, ein Teil des einen, allumfassenden Bewusstseins, ist das, was mich hier und jetzt persönlich ausmacht. Es ist die Konstante, die mich vom Anfang meines Lebens bis hin zum Ende begleitet: Ich fühle, ich sehe, ich höre, ich rieche, ich denke, ich liebe, ich lerne, ich forsche, ich erfinde etwas und ich kann mich an Vieles erinnern. Ich bin mein Bewusstsein. Ich war immer und werde immer sein. Mein Bewusstsein begleitet mich über den Tod hinaus ins ewige Leben. Mein Körper aber wird zu Erde.

Also, wie ist unsere Welt beschaffen? Wie funktioniert sie und wie kann man sich ein Wunder erklären?

Teil 1: Wunder in unserer Welt

Für alle, die es genau wissen möchten

Vielleicht ist Ihnen dieser »Teil 1« jetzt zu langatmig, zu kompliziert, zu religiös oder schlicht: einfach zu mühsam? Überspringen Sie ihn.

Dann steigen Sie lieber gleich bei »Teil 2« ein.

Dort erfahren Sie kurz und knapp das Wichtigste und können sich in »Teil 3« direkt der Praxis widmen.

Später, nach den ersten Erfolgen, könnten Sie »Teil 1« nachholen. Sie werden erkennen, dass unsere ganze Welt so unfassbar, so unglaublich spannend ist – viel Spaß dabei!

Unsere Welt – aus Sicht der Quantenphysik

Was könnten die bahnbrechenden Erkenntnisse der Quantenphysik mit den mystischen, geheimnisvollen Wundern, die immer wieder einmal geschehen, zu tun haben? Sie werden es kaum glauben, aber sie klären uns auf, sie erklären uns, wie so etwas möglich ist und sie bringen Licht ins Wunder-Geheimnis. Lassen Sie sich überraschen.

Entdeckungen: eins bis fünf

Die Erkenntnisse der Quantenphysik sind in vielerlei Hinsicht eine Sensation. Zum einen haben wir ihnen die gesamte Informationstechnik zu verdanken, ohne sie gäbe es kein Telefon, keinen Computer und keine vollautomatischen Waschmaschinen. Zum anderen zeigen sie uns einen Weg zum Wunder-Verständnis, und darauf konzentrieren wir uns hier.

1. Entdeckung: Die Formel ›$E = h \cdot f$‹ von Max Planck

Da die klassische Physik bei der Beschreibung von physikalischen Objekten, wie dem Licht, der Energie, der Materie und anderem gegen Ende des 19. Jahrhunderts an ihre Grenzen gestoßen war, mussten neue Wege gefunden werden. Max Planck hatte im Dezember 1900 in einem Vortrag (»Zur Theorie des Gesetzes der Energieverteilung im Normalspektrum«) erstmalig den Begriff »Energiequants« erwähnt. Es wurde zur Geburtsstunde der Quantenphysik.

Ein Quant, auch Lichtteilchen oder Photon genannt, ist ein Teil der elektromagnetischen Welle (z.B. Licht, Radiowelle, Röntgenstrahlung). Es hat keine Masse, aber eine Energie, die von seiner Frequenz abhängt. Um eine Messung durchführen zu können, führte Planck das ›elementare Wirkungsquantum‹ ein, eine neue universelle Konstante »h« mit der Formel: $E = h \cdot f$ (Energie = Wirkungsquantum mal Frequenz des Photons – 1918 Nobelpreis).

Dieses Wirkungsquantum ist insofern so bedeutungsvoll, da es die Grundlage geschaffen hat für die bahnbrechenden Erkenntnisse von anderen weltberühmten Nobelpreisträgern der Physik wie Einstein, Heisenberg, Schrödinger usw.

Albert Einstein veränderte in den Jahren 1905 und 1916 die Vorstellungen von Raum, Zeit und Materie mit seiner Relativitätstheorie: $E = mc^2$ (Energie = Masse mal Lichtgeschwindigkeit im Quadrat). Werner Heisenberg und Nils Bohr erschütterten 1927 den Glauben an eine feste Materie mit der Kopenhagener Deutung, einer Interpretation der Quantenmechanik.

2. Entdeckung: Der ›Zufall‹ von Werner Heisenberg

Hatte man in der klassischen Physik bisher nur eine Welle gemessen oder nur ein Teilchen, musste man jetzt in der Quantenphysik beides gleichzeitig messen, obwohl das gar nicht geht. Wellen breiten sich im Raum aus, Teilchen sind auf einen Ort fixiert. Das lässt keine zwei Fragen gleichzeitig zu: Bei der Frage »wo« würde die Materiewelle an einen Ort fixiert und somit zu einem Teilchen und umgekehrt bei der Frage nach dem Impuls zu einer Welle. Was aber ist die Materiewelle tatsächlich?

Heisenberg hat hierfür 1927 die ›Unschärferelation‹ (oder ›Unbestimmtheitsrelation‹) für Ort und Impuls und später für Energie und Zeit entwickelt. Es konnte bei den Messungen keine exakte Vorhersage von Einzelergebnissen mehr geben. Undenkbar für die klassische Physik von früher: Der Zufall spielte plötzlich eine Rolle.

In die gleiche Richtung zielte die von Max Born vorgeschlagene Wahrscheinlichkeitsinterpretation der Wellenfunktion. Da Quantenobjekte wie Elektronen oder Lichtquanten nicht eindeutig Teilchen oder Wellen sind (Welle-Teilchen-Dualismus), ist die Art der Messung, die man durchführt, ausschlaggebend.

3. Entdeckung: Der ›Beobachter‹ von Erwin Schrödinger

Und hier kommt dann die neue Rolle des Beobachters ins Spiel. Erwin Schrödinger führte 1935 ein Gedankenexperiment durch, das unter dem Namen ›Schrödingers Katze‹ weltberühmt wurde.

Man stelle sich vor, dass eine Katze in einer verriegelten Kiste mit einer geschlossenen Dose Blausäure, einem radioaktiven Atom, das zu 50% zu irgendeinem Zeitpunkt innerhalb einer Stunde zerfällt, und einem Hammer sitzt. Falls das Atom zerfällt, wird der Hammer so in Bewegung versetzt, dass er den Deckel der Blausäure zerschlägt und die Katze vergiftet wird und stirbt. Wenn nicht, bleibt der Deckel zu und die Katze bleibt gesund.

Erst in dem Moment, in dem der bewusste Beobachter die Kiste öffnet, sehen wir, ob die Katze tot ist oder nicht. Bevor die Kiste aber geöffnet wurde – hier wird die kleine Geschichte spannend – ist die Katze gleichzeitig tot und lebendig. Solange die Kiste geschlossen ist, existieren beide Möglichkeiten als Realitäten gleichzeitig. Erst der bewusste Beobachter verwandelt durch das Öffnen der Kiste eine der beiden Möglichkeiten in eine sichtbare Wirklichkeit.

Schrödinger hat mit seinem Experiment bewiesen, dass es in der Kiste bis zum Zeitpunkt der Messung, also bis der Beobachter in die Kiste schaut, kein eindeutiges Ergebnis gibt, sondern zwei gleichzeitige Realitäten. Er hat sich dabei auf die Unschärferelation Heisenbergs bezogen: Ein Elektron befindet sich während der Rotation um den Atomkern überall gleichzeitig, es verschmiert, d.h. das Ergebnis ist nicht vorhersehbar.

Was bedeutet das konkret für uns? Uns, dem Menschen, dem Beobachter, fällt die Schlüsselrolle dafür zu, wie das Ergebnis aussieht, wir können es maßgeblich beeinflussen. Das ist revolutionär, geradezu genial! Es ist demnach unsere ganz große Chance, dass wir persönlich den Zufall beeinflussen und so ein Wunder erleben können. Jetzt müssen wir nur noch lernen, wie das genau geht. Merken wir uns einmal den Satz: »Quantenphysik heißt auch Informationsphysik«.

4. Entdeckung: Die ›Quantenverschränkung‹

Seit dem Urknall vor etwa 13 Milliarden Jahren, als aus einer ursprünglichen Einheit die Materie, der Raum und die Zeit entstanden sind, ist alles im unendlichen Kosmos mit allem quantenverschränkt. Das heißt, alles ist für immer und ewig mit allem energetisch und informativ verbunden.

Für Gedanke, Energie und Materie, die alle aus Information bestehen, gilt daher: »*Miteinander verschränkte Objekte haben die Eigenschaft, Informationen unendlich schnell und ohne zeitlichen Verzug [...] voneinander zu übernehmen.*« (Hollerbach, S: 55).

Solche quantenphysikalischen Effekte erleben wir heutzutage ständig und überall in der modernen Informationstechnik: am Radio, am Computer, beim Fernsehen, an fast allen Maschinen. Nur für unser persönliches Leben haben wir diese bahnbrechende Bedeutung noch nicht erkannt: Wir bestehen doch zu 99,99 ...% aus Energie. Warum haben wir noch nicht bemerkt, dass sich auch in unserem Leben die Veränderungen durch Information abspielen?

5. Entdeckung: Die Sprache der Bilder und Gefühle

An jedem Computer, in der ganzen modernen Technik, erfolgen die Informationen über die Sprache des Binärcodes aus Einsen und Nullen. Auch für uns, für die Veränderungen in unserem Leben, gibt es eine Sprache der Information im Energiebereich, einen Impuls, der alles in Schwung bringt: Es ist die Sprache der Bilder und der Gefühle. Sobald wir diese einsetzen, kann alles bewegt und bewirkt werden, kann alles passieren. Im Praxis-Teil werden Sie mehr darüber erfahren und dann üben, so zu kommunizieren.

Es gibt keine Materie

Max Planck bekräftigte 1944 die Erkenntnis, dass es gar keine Materie an sich gibt, sondern nur ein ›Gewebe von Energien, dem durch intelligenten Geist Form gegeben wird.‹

»Meine Herren, als Physiker, der sein ganzes Leben der nüchternen Wissenschaft, der Erforschung der Materie widmete, bin ich sicher von dem Verdacht frei, für einen Schwarmgeist gehalten zu werden. Und so sage ich nach meinen Erforschungen des Atoms dieses: Es gibt keine Materie an sich. Alle Materie entsteht und besteht nur durch eine Kraft, welche die Atomteilchen in Schwingung bringt und sie zum winzigsten Sonnensystem des Alls zusammenhält. Da es im ganzen Weltall aber weder eine intelligente Kraft noch eine ewige Kraft gibt [...] so müssen wir hinter dieser Kraft einen

*bewussten intelligenten Geist annehmen. Dieser Geist ist
der Urgrund aller Materie. Nicht die sichtbare, aber vergängliche Materie ist das Reale, Wahre, Wirkliche – denn
die Materie bestünde ohne den Geist überhaupt nicht-, sondern der unsichtbare, unsterbliche Geist ist das Wahre! [...]
so scheue ich mich nicht, diesen geheimnisvollen Schöpfer
ebenso zu benennen, wie ihn alle Kulturvölker der Erde
früherer Jahrtausende genannt haben: Gott! Damit kommt
der Physiker, der sich mit der Materie zu befassen hat, vom
Reiche des Stoffes in das Reich des Geistes. Und damit ist
unsere Aufgabe zu Ende, und wir müssen unser Forschen
weitergeben in die Hände der Philosophie« (Archiv zur
Geschichte der Max-Planck-Gesellschaft, Abt. Va, Rep. 11
Planck, Nr. 1797).*

Wir haben gesehen, dass unsere Welt in keiner Weise so
stabil und festgefügt ist, wie sie uns vielleicht bisher erschienen ist. Der Zufall (s. »Unschärferelation«) und der
Beobachter (s. ›Schrödinger's Katze‹) spielen eine ganz entscheidende Rolle. Dinge passieren, wie sie wissenschaftlich
nicht vorherzusehen waren. Lassen Sie uns also von nun an
›bewusst mitbeobachten.‹

Die entscheidende Frage ist dabei: »Welche Wunder-Re-
geln, welche Wunder-Gesetze gibt es, die wir noch überhaupt nicht kennen?«

Eine andere Denkweise

Albert Einstein führt uns auf einen neuen Pfad des Verstehens. Sein berühmtes Zitat: *»Probleme kann man niemals mit derselben Denkweise lösen, durch die sie entstanden sind.«*, ist ein Meilenstein auf dem Weg zum Wunder. Es deutet darauf hin, dass es mehr braucht als nur einen gesunden Menschenverstand, um ein Problem zu lösen. Unser Verstand sagt uns nämlich: »Wenn du etwas nicht hast, dann hast du es nicht. Punkt.« Das ist jedoch kontraproduktiv – wir wollen es ja haben. Einstein zufolge muss man über den Verstand hinauswachsen, ihn überwinden, ihn austricksen, um dann das Problem in einer Höheren Dimension zu lösen und so zum Erfolg zu kommen.

Die Höhere Dimension

Die Höhere Dimension ist, mit Einstein gedacht, der Dreh- und Angelpunkt für Wunder. Aber was ist damit gemeint, was bedeutet sie konkret und wie kann man sie nutzen? Zunächst einmal: Die Höhere Dimension übersteigt alles, was wir uns vorstellen können. Sie hat viele Namen, wie Himmel (im religiösen Sinne ist dies der Ort des Überirdischen oder Göttlichen), Kosmos, Weltall, Allmacht, Energiebereich, Universum (im physikalischen Sinne ist das die Gesamtheit von Raum, Zeit und aller Materie und Energie darin). Sie ist der absolute Kraftort für alle und alles, sie ist Inspiration, Motor und Zuflucht für Christen, Buddhisten, Schamanen, Künstler, Philosophen, Wissenschaftler, Sportler, für alle. Sie ist ein grenzenloses Potential. Hier können die Probleme gelöst werden, hier können Wunder entstehen und geschehen. Alle Wissenden nutzen sie ganz bewusst.

Die Höhere Dimension ist demnach – in unserem Kontext – der ›Ort unserer Begierde‹. Wenn wir nämlich gelernt haben, uns in sie zu katapultieren, und wenn wir dann die passenden Informationen setzen (in der Sprache der Bilder und Gefühle) und alles richtig machen, dann steigen unsere Chancen rapide, ein Wunder zu erleben.

Wunder sind immer das Geschenk einer höheren Macht, egal wie wir diese nennen. Wir selbst können überhaupt nichts allein vollbringen, aber wir können uns magnetisch für ein Wunder machen, indem wir so oft es geht, in dieser Höheren Dimension agieren (siehe »Praxis«). Sobald wir den Zugang in die spirituelle Welt erfahren haben, erkennen wir, dass alles eins ist. Auf dieser Ebene geht's dann richtig los.

Das Faszinierende ist, dass Einsteins Erkenntnis, Probleme in einer höheren Ebene zu lösen, in geradezu allen Religionen schon immer und auch heute noch intuitiv praktiziert wurde und wird. Die Christen beten, um Gott nahe zu kommen, damit er ihre Wünsche erfüllt. Die Buddhisten meditieren, um die Erleuchtung und das Nirwana, das höchste Glück zu erlangen und die Schamanen versetzen sich in Trance, um Wunder vollbringen zu können. Heutzutage greifen immer mehr »Suchende« zu Drogen, um ihre Kreativität und Leistungskraft zu steigern oder einfach nur, um ihre Probleme zu vergessen. Sie fühlen sich dabei zwar

›high‹, aber es ist ein dramatischer, folgenschwerer Irrweg. Mit Drogen ruinieren sie ihre Gesundheit, oft ihr ganzes schönes Leben.

Es gibt so viele Wege ins vermeintliche Glück, aber warum tappen wir im Dunkeln? Irgendein Baustein scheint uns noch zu fehlen. Denn: Warum erleben wir persönlich fast nie ein Wunder? Was haben wir noch nicht erkannt? Gibt es ein Hindernis, ein Geheimnis, das wir noch knacken müssen? Was ist es, was uns von den Wundern abhält?«

Werfen wir einmal einen Blick auf die Wunder, die es im Christentum gibt. Wie geschahen oder geschehen die Wunder bei den Buddhisten und wie bei den Schamanen?

Auf einen Blick- wichtig für unser Wunder-Verständnis

Q u a n t e n p h y s i k : **Es gibt keine Materie an sich *(Planck: Wirkungsquantum)*: Alles ist möglich **Der Zufall spielt eine Rolle *(Heisenberg: Unschärferelation)* **Der Beobachter entscheidet das Ergebnis *(Schrödinger: Gedankenexperiment)* **Informationen werden unendlich schnell übernommen *(Impuls bei den Menschen: die Sprache der Bilder und der Gefühle)* **Die Höhere Dimension ist der ›Ort‹, an dem ›Probleme gelöst werden‹ *(Einstein)* **Reine Energie mit der Ruhemasse 0 ist Licht

Wunder – aus Sicht des Christentums

Die zwei folgenden Bibel-Zitate enthalten das ganze theoretische Wunder-Geheimnis: [Jesus spricht]: »*Wahrlich, ich sage euch: Wer zu diesem Berge spräche: Heb dich und wirf dich ins Meer!, und zweifelte nicht in seinem Herzen, sondern glaubte, dass geschehen würde, was er sagt, so wird's ihm geschehen. Darum sage ich euch: Alles, was ihr bittet in eurem Gebet, glaubt nur, dass ihr's empfangt, so wird's euch zuteil werden.*« (Markus 11, 23 – 24) und »*Er [Jesus] sprach zu ihnen [den Jüngern)]: [...] Denn wer da hat, dem wird gegeben, dass er die Fülle habe. Wer aber nicht hat, dem wird auch das genommen, was er hat.*« (Matthäus 13, 11 – 12)

Dieser Text mag im ersten Moment etwas mysteriös klingen, zumindest überraschend. Wir sollen also das, was wir erreichen möchten, schon jetzt erreicht haben – damit wir es später bekommen? Das ist eine unerwartete, unglaubliche Aussage, es ist ein Paradoxon. Aber später, etwas weiter im Buch, erscheint Ihnen diese Aussage sogar total logisch. Und wenn wir das verstanden haben und akzeptieren, sind wir reif für ein Wunder.

Wunder im Christentum

Spektakuläre Wunder kennen wir aus der Bibel. Jesus Christus verwandelte Wasser zu Wein (Joh. 2, 1-12), er heilte Aussätzige (Markus 1, 40-45), Gelähmte (Markus 2, 1-12), Blinde (Markus 8, 22-26), er sättigte viertausend Menschen mit sieben Broten und wenigen Fischen (Matthäus 15, 32-39), er erweckte sogar den toten Lazarus zum Leben (Johannes 11, 1-44) und ist am Ostertag selbst von den Toten auferstanden (Matthäus 28, 5-6). Seine Worte dazu: »*Bei den Menschen ist's unmöglich, aber nicht bei Gott; denn alle Dinge sind möglich bei Gott.*« (Markus 10, 27 und ähnlich bei Lukas 1, 37) und »*Alle Dinge sind möglich dem, der da glaubt.*« (Markus 9, 23).

Wunder-Status, d.h. die Zuerkennung der Übernatürlichkeit seitens der römisch-katholischen Kirche, haben auch Orte wie Guadalupe, Lourdes und andere, an denen Marienerscheinungen stattgefunden haben. Meist erscheint die heilige Maria einer oder mehreren Personen mehrfach über einen Zeitraum hinweg, spricht diese an und überbringt dabei eine Botschaft. Im Anschluss daran finden an diesem Ort dann Wunder statt.

Guadalupe

In Guadalupe erschien 1531 die heilige Maria einem Indio, einem aztekischen Ureinwohner Mexikos, mit dem Anliegen, dass eine Kapelle für sie errichtet werden sollte. Der zuständige Bischof verlangte ein Zeichen von Maria, um das glauben zu können. Als der Indio dann am nächsten Tag – mitten im Winter – auf Marias Geheiß hin duftende Blüten in seinem Mantel sammelte und diesen vor dem Bischof ausbreitete, erschien plötzlich ein Abbild der Gottesmutter darauf: das ›Tilma von Guadalupe‹.

Diesem Gnadenbild werden unzählige Wunder zugesprochen. Es zählt heute zu den bekanntesten Gnadenbildern der Welt. Acht Millionen Azteken traten damals zum Christentum über. Die Kirche, in der es aufbewahrt wird, ist die größte Pilgerstätte der Erde.

Lourdes

Auch Lourdes, eine französische Stadt in den Pyrenäen, ist einer der meistbesuchten Wallfahrtsorte der Welt. Im Jahr 1858 war dort die heilige Maria einem 14-jährigen Mädchen, Bernadette Soubirous, in einer Nische oberhalb einer Grotte wiederholt erschienen. In einer Vision legte Bernadette eine Quelle an der Grotte frei, deren Wasser sich als außergewöhnlich heilkräftig erweisen sollte. Maria verlangte, dass Bernadette den Priester darum bitten sollte, an dieser Stelle eine Kirche zu errichten und Prozessionen durchzuführen. Der Priester hielt sie, die in ärmsten Verhältnissen und ohne jegliche Bildung lebte, erst einmal für verrückt. Als sie ihm dann aber Marias Antwort auf die Frage nach deren Namen »Ich bin die unbefleckte Empfängnis« mitteilte, das Dogma von Papst Pius IX von 1854, war er tief erschüttert und endlich überzeugt. Das konnte sie niemals irgendwo gehört haben, allein das war ein Wunder.

Die erste Kirche wurde dann 1862-1866 erbaut. Seitdem pilgern zahllose Besucher zur Grotte nach Lourdes, um zu beten, an den Prozessionen teilzunehmen, das Wasser zu trinken und im Wasser zu baden – und das alles mit dem Wunsch, ein Heilungswunder zu erleben. Von den bereits 7.000 im medizinischen Büro angemeldeten Heilungen hat die römisch-katholische Kirche etwa 70 als Wunder anerkannt.

Orthodoxe Kirche

In der orthodoxen und koptischen Kirche werden als wundertätig angesehene Ikonen der heiligen Maria verehrt, angebetet und um ein Wunder angefleht. Die bekannteste russische Ikone ist die »Gottesmutter von Wladimir«. Sie galt lange Zeit sogar als das Hauptheiligtum ganz Russlands. Sie hatte Großfürst Dimitri 1380 zum Sieg auf dem Schnepfenfeld verholfen. Auch Iwan IV. hatte auf ihre Wunderkraft gesetzt und 1552 die Krimtartaren besiegt. Die Ikone war Anfang des 12. Jh. aus Byzanz gekommen und wurde lange Zeit im Kreml aufbewahrt. Heute befindet sie sich in der Tretjakow-Galerie in Moskau.

Wunder für uns

Wir haben jetzt gesehen, dass es Wunder gibt. Doch wie kommt es tatsächlich dazu? Wie funktioniert das alles? Betrachten wir einmal das größte Wunder überhaupt, die Entstehung der Welt. Wie wird sie in der Bibel beschrieben? *»Im Anfang war das Wort, und das Wort war bei Gott, und Gott war das Wort. [...] Alle Dinge sind durch dasselbe gemacht, und ohne dasselbe ist nichts gemacht, was gemacht ist. [...] In ihm war das Leben, und das Leben war das Licht der Menschen.«* (Johannes 1; 1, 3, 4).

Das Wort, gleichbedeutend mit Gott, hat also, so die Bibel, unsere Welt geschaffen. Dieses ›Wort‹ der Bibel entspricht wiederum ›der einen Kraft‹, ›dem überbewussten, intelligenten Geist‹, dem ›Urgrund aller Materie‹ (Max Planck s.o.) der Quantenphysik.

Wie heißt es in der Bibel weiter? *»Und das Wort ward Fleisch und wohnte unter uns.«* (Johannes 1; 14). Damit ist Jesus Christus gemeint. Jesus, das Fleisch gewordene Wort Gottes, war sich seiner Göttlichkeit bewusst. Er sagte: *»Ich und der Vater sind eins.«* (Johannes 10,30). In diesem Sinne konnte er, als Gott, seine vielen Wunder vollbringen – und zwar sofort, unmittelbar.

Er sagte, um uns die Augen zu öffnen: *»Ich bin der Weinstock, ihr seid die Reben. Wer in mir bleibt und ich in ihm, der bringt viel Frucht; denn ohne mich könnt ihr nichts tun.«* (Johannes 15, 5). Was bedeutet das genau? Jesus will uns sagen, dass auch wir göttlich sind – aber nur unter bestimmten Umständen:

Solange der Saft des Weinstocks in die Reben fließt, ist die Pflanze komplett und kann Früchte tragen. Das Gleiche gilt für uns. Sobald wir, die ›Reben‹, mit Gott, dem ›Weinstock‹, in Verbindung treten und bleiben, sind wir EINS mit Gott – dann sind wir göttlich. Im Bewusstsein dieser Göttlichkeit sind auch für uns Wunder möglich. Der Hinweis »ohne mich könnt ihr nichts tun«, weist jedoch ganz deutlich darauf hin, dass wir nichts allein vollbringen können, unsere ›Göttlichkeit‹ existiert nur in der direkten Verbindung mit Gott, in der Höheren Dimension.

Anmerkung: Dieser Zugang ›EINS mit Gott‹ zur Höheren Dimension gilt für die Christen. Jede Religion hat einen eigenen Weg. Sie werden noch andere kennen lernen.

Die aufregende Nachricht, dass auch wir aktiv ein Wunder erleben können, macht Mut. Da das aber nur in der Höheren Dimension möglich ist, müssen wir es schaffen, dorthin zu gelangen. Dieser Zugang jedoch ist wie verhext. Irgendwie gelingt es uns einfach nicht. Irgendetwas blockiert, irgendwo steckt noch der Wurm drin.

Gibt es eine geheimnisvolle Hürde, die uns von der Höheren Dimension fernhält? Was kann das sein, wer oder was stellt sich quer?

Sie werden es nicht glauben, aber es ist – Scheinwerfer an – unser Verstand. Unser Verstand ist der absolute Spielverderber, er ist unser heimlicher, aber resoluter Wunder-Ver-weigerer, er setzt Himmel und Hölle in Bewegung, um zu verhindern, dass wir EINS mit Gott werden.

Ich habe einmal gehört, dass man das Wort ›Sünde‹ in ir-gendeiner Sprache auf seinen Ursprung ›Trennung‹ zurück-führen kann. Genau das macht der Verstand. Er will uns vom EINS-Sein mit Gott abhalten, er will uns von Gott trennen.

Sobald wir eine Meditation beginnen oder uns in ein in-tensives Gebet vertiefen möchten, quatscht er dazwischen. Er ›denkt‹ dann dies und das, er erinnert uns an .., er ist wütend auf .. , er träumt von .. Er spielt einfach verrückt, er will uns unbedingt von der Meditation (man nennt sie auch Stille, Leere, frei-von-Gedanken-sein) abhalten, es ist zum Durchdrehen.

Versuchen Sie einmal zu meditieren, genau das wird pas-sieren.

Wunder können aber nur in der Höheren Dimension, in der Gedankenlosigkeit, geschehen – wenn wir dort mithilfe von Kopfvideo (mit der Sprache der Bilder und der Ge-fühle) Informationen setzen (s. Praxis – da werden wir eine Methode anwenden, mit der wir den Verstand austricksen).

So könnte ein Wunder gelingen:

Wenn Sie beispielsweise nach Lourdes pilgern und auf ein Wunder hoffen, werden Sie mit Sicherheit während der großartigen Gottesdienste oder an der Grotte vor der Heiligen Maria oder bei den feierlichen Lichter-Prozessionen oder wenn Sie das wundertätige Wasser trinken – überall – ständig beten und dabei versuchen, EINS mit Gott zu werden.

Und dann, beeindruckt von dieser spirituellen Atmosphäre, erfüllt und leicht trunken von all den schönen Erlebnissen, gehen Sie zur Badeanstalt, um im Heilwasser ein Wunder zu erleben. Sie sind jetzt EINS mit Gott, in der Höheren Dimension. Sie sind sich Ihrer Göttlichkeit bewusst und Sie ›wissen‹, dass Sie schon geheilt sind (diese Gewissheit, es SCHON ZU SEIN ist ja das Wunder- Geheimnis (Matthäus 13, 11-12)). Sie freuen sich über Ihre Heilung und danken dafür (unsere Sprache der Information im Energiebereich ist die Sprache der Bilder und der Gefühle).

Das Bad (wenn die Helfer den Pilger in einem Tuch liegend ruckartig ins Wasser tauchen) ist dann ein eiskalter Schock (dieser ›Schock-Moment‹ ist absolut überwältigend, ergreifend, so spektakulär, dass der Atem kurz stockt – oft beginnt man spontan zu weinen). Und in diesem Moment kann es passieren, dass bei Ihnen ein Wunder geschieht. In der Gedankenlücke geschehen die Wunder. Ein Wunder kann sich spontan oder auch zu einem späteren Zeitpunkt offenbaren. Wichtig ist nur die unerschütterliche, freudige Erwartung (Bilder des glücklichen Geheilt-Seins und Gefühle der Freude und Dankbarkeit): Sie dürfen nie mehr an der Erfüllung zweifeln.

Auf einen Blick- wichtig für unser Wunder-Verständnis

Q u a n t e n p h y s i k : **Es gibt keine Materie an sich *(Planck: Wirkungsquantum)*: Alles ist möglich **Der Zufall spielt eine Rolle *(Heisenberg: Unschärferelation)* **Der Beobachter entscheidet das Ergebnis *(Schrödinger: Gedankenexperiment)* **Informationen werden unendlich schnell übernommen *(Impuls bei den Menschen: die Sprache der Bilder und der Gefühle)* **Die Höhere Dimension ist der ›Ort‹, an dem ›Probleme gelöst werden‹ *(Einstein)* **Reine Energie mit der Ruhemasse 0 ist Licht

C h r i s t e n t u m : **Im tiefen Gebet – im ›Eins-Sein mit Gott‹ *(Johannes 15,5: ›Ich bin der Weinstock, ihr seid die Reben‹)* erleben wir unsere Göttlichkeit – dann sind Wunder möglich **Ich muss es schon haben, damit ich es bekomme *(Bibel, Matthäus 13)* **Der Verstand verhindert den Zugang zur Höheren Dimension *(dort geschehen die Wunder)*

Wunder – aus Sicht des Buddhismus

Auch im Buddhismus geschehen unglaubliche Wunder. Paramahansa Yogananda, ein indischer Guru (spiritueller Lehrer) des 20. Jahrhunderts, erzählt in seiner »Autobiographie eines Yogi« höchst abenteuerliche, absolut phantastische Geschichten von zwei charismatischen ›Über-Heiligen‹: von Mahavatar Babaji und Lahiri Mahasayas. Diese konnten heilen, schweben, ganz plötzlich ›aus dem Nichts‹ erscheinen oder ›ins Nichts‹ verschwinden oder gigantische Dinge ›aus dem Nichts‹ materialisieren. (Paramahansa-1, S: 394-409). Er begegnete auch selbst vielen Heiligen, wie z.B. einem, der an zwei verschiedenen Orten gleichzeitig präsent war (Paramahansa-1, S: 28-36) und einem, der nie schlief. (Paramahansa-1, S: 177-185).

Wie ist das alles möglich? Paramahansa erklärt es so: »*Zu Beginn der Schöpfung erschuf Gott das zum Aufbau notwendige Licht. Auf den Strahlen dieses immateriellen Mediums spielen sich alle göttlichen Manifestationen ab. [...] Ein Yogi, dessen Bewusstsein sich in tiefer Meditation mit dem Schöpfer vereinigt hat, schaut die Substanz des Kosmos als reines Licht. Für ihn gibt es keinen Unterschied zwischen den Lichtstrahlen, die das Wasser, und den Lichtstrahlen, die das Land bilden. Frei vom Bewusstsein der Materie, frei von den drei Dimensionen des Raumes und der vierten der Zeit, bewegt ein Meister seinen Lichtkörper mit Leichtigkeit durch die Lichtstrahlen der Erde, des Wassers, des Feuers und der Luft hindurch oder über sie hinweg. [... Das] Gesetz, das allen Wundern zugrunde liegt: Meister, welche die Fähigkeit haben, ihren eigenen Körper und andere Gegenstände zu materialisieren und entmaterialisieren, sich mit Lichtgeschwindigkeit fortzubewegen und sich der schöpferischen Lichtstrahlen zu bedienen, um sofort irgendwelche physischen Manifestationen sichtbar zu machen, haben die gesetzmäßige Bedingung erfüllt: ihre Masse ist unendlich.«* (Paramahansa-1, S: 349-350).

Die zwingende Frage stellt sich: »Wie haben die Meister es bloß geschafft, diese Bewusstseinsebene zu erklimmen?« Am besten beginnen wir von vorne.

Siddhartha Gautama

Siddhartha Gautama, ein verwöhnter Sohn eines indischen Fürsten, hatte auf den Ausflügen in sein Reich das grauenvolle Elend der Bevölkerung gesehen. Er war so betroffen und schockiert, dass er im Alter von 29 Jahren sein Vaterland verließ, um herauszufinden, wie man die Welt von all diesem Leid erlösen könnte.

Seitdem lebte er in strengster Askese, lernte von brahmanischen Eremiten die yogische Praxis und die Meditation und gab sich jede erdenkliche Mühe, den Weg zur Befreiung zu erkennen. Endlich, nach sechs Jahren, in einer Meditation unter einer Pappelfeige, dem sogenannten ›Bodhi- Baum‹, erlebte er dann um etwa 500 v. Chr. in tiefster Versenkung sein ›Erwachen‹, seine Erleuchtung.

Er hatte seinen eigenen Weg erkannt, die ›Vier Edlen Wahrheiten‹ und die Übungen des ›Edlen Achtfachen Pfades‹. Als ›Buddha‹ (als ›Erwachter‹) reiste er von nun an durch Indien und lehrte 45 Jahre lang seinen ›Weg‹, wie man aus der Welt des Leides, des Hasses und der Begierde in der Meditation zu Tugend und Weisheit findet.

Unter seinen Nachfolgern gab es dann viele Inkarnationen des Höchsten wie die Dalai Lamas, die Panchen Lamas und die Karmapas.

Was ist das Besondere? Warum fasziniert der Buddhismus seit mehr als 2.500 Jahren weite Teile unserer Welt?

Das Hauptanliegen Siddhartha Gautamas war die Erlösung der Menschen vom Leid gewesen. Sein ›Erwachen‹ jedoch hatte ihn noch weit darüber hinausgetragen, es hatte ihm die Erkenntnis über die Zusammenhänge der ganzen Welt erschlossen, die Erleuchtung. Diese Erleuchtung wiederum bedeutet für den, dem sie wiederfährt, die absolute Glückseligkeit – wer sehnt sich nicht danach?

Das Karma

Was ist der Grund dafür, dass auch heute noch so unfassbar viele Menschen auf der ganzen Welt in Armut und Not, im tiefsten Leid leben? Wir denken spontan: »Diese Unglückseligen, diese Ärmsten, sie können doch überhaupt nichts dafür, dass es ihnen so schlecht geht. Warum werden sie so willkürlich, so gnadenlos, in ihr Elend hineingeboren? Es ist grausam ungerecht.«

Der in Tibet geborene, heute im Westen lebende Geshe Kelsang Gyatso gibt uns eine andere, eine buddhistische Antwort: »*In den buddhistischen Schriften wird unser Körper mit einem Gasthaus verglichen und unser Geist mit einem Gast, der darin verweilt. Sterben wir, verlässt unser Geist unseren Körper und geht ins nächste Leben über.*« (Gyatso, S: 15), und dazu: »*Obwohl der Körper beim Tod zerfällt, erfährt das Kontinuum des Geistes keine Unterbrechung.*« (Gyatso, S: 19). Welche Rolle spielt dieser ›Geist‹, der uns in jedes weitere Leben begleitet? Gyatso gemäß ist er der Träger unseres Karmas (Sanskrit: ›Handlung‹).

Was ist das Karma und was hat es mit den vom Leid geplagten Menschen zu tun? Geshe Kelsang Gyatso beschreibt es so: »*Alle beabsichtigten körperlichen, sprachlichen und geistigen Handlungen sind Karma.*« (Gyatso, S: 29) und meint damit: Alle unsere Handlungen (körperlich, sprachlich und geistig) gehen von einer vorhergehenden geistigen Absicht (wie Wut, Hass, Neid, Missgunst, Gier .. oder aber Freigebigkeit, Sittlichkeit, Geduld ..) aus. Da wir nie ohne diese Absicht handeln, sind wir folglich auch immer voll und ganz für alles, was wir denken, sagen und tun, verantwortlich. Diese ›Handlungen‹ sind unsere ganz persönliche, freie Entscheidung und werden aus diesem Grund auch konsequenterweise als ›unser Karma‹ im Geist – über den Tod hinaus – gespeichert.

Die in Armut, Not und Leid geborenen Menschen tragen demnach einen gigantischen Ballast an Karma mit sich herum. Das Drama ist, dass sie ja eigentlich in diesem Leben noch überhaupt nichts Böses getan haben. Sie müssen jetzt dafür büßen, was sie in ihren früheren Leben Schreckliches angestellt haben. (Frage: »Wer war dieser Mistkerl, der mir mein jetziges Leben so verbockt hat?«). Es klingt äußerst ungerecht, ja irgendwie hinterhältig und gemein dazu.

Die wichtigste Frage ist jetzt: »Wie kommen sie aus diesem Schlamassel wieder heraus – gibt es eine Rettung?« Die buddhistische Antwort dazu lautet: »Ja, die Meditation ist der Schlüssel zum Glück.«

Bevor wir uns der Meditation zuwenden, machen wir eine kleine Zwischenbilanz. Was haben wir aus dieser Erkenntnis gelernt? Erstens: Wir müssen alle schon hier und heute, ganz bewusst, unser nächstes Leben vorbereiten. Das klingt verrückt, aber was tut man nicht alles? Ab heute sollten wir uns gefälligst nur noch um wunderbare geistige Absichten bemühen. Wir sollten dabei ständig unsere sprachlichen und körperlichen Handlungen überwachen, ob sie tugendhaft und ehrenwert sind. Nur dann wird unser nächstes Leben großartig.

Gyatso begründet es so: »*Gute und tugendhafte Handlungen sind die Hauptursache für eine Wiedergeburt in den höheren Bereichen und für zukünftiges Glück, während schlechte und nicht tugendhafte Handlungen die Hauptursache für eine Wiedergeburt in den niederen Bereichen und für zukünftiges Leiden sind.*« (Gyatso, S: 30).

Das Fazit für unser Leben: Wut, Hass, Neid, Missgunst und Gier ... sind rundum schlecht – weg damit! Wir entscheiden uns also ab sofort für ›liebevoll, treu, großzügig, sittlich, hilfsbereit‹ – dann blüht uns ein phänomenales nächstes Leben – Bingo.

Das ist aber überhaupt nicht so leicht. Der Neid, der Hass oder die Missgunst können uns immer wieder einmal überfallen, manchmal schmerzhaft heftig. Wir sind ja schließlich Menschen, wir haben starke Gefühle. Wie bekommen wir sie alle in den Griff? Die Antwort der Buddhisten lautet immer wieder, auf alle Probleme: »In der Meditation ist das möglich.«

Die Meditation

Wie können wir uns eine buddhistische Meditation vorstellen? Was ist das Ziel und was ist das Geheimnis?

Das erste Ziel der Meditation ist die Gedankenlosigkeit, der Zugang zur Höheren Dimension. In der Praxis erreichen wir diese am ehesten mithilfe von Atemübungen: Wir beobachten – in höchster Konzentration – immer wieder und wieder – unseren Atem, wie er durch die Nase ein – und ausströmt. Diese Übung ist aber überhaupt nicht einfach, sie ist sogar unglaublich schwer. Sie kennen es schon, unsere Gedanken funken ständig dazwischen, wir können uns kaum dagegen wehren.

Gyatso nennt uns zwei Arten von Meditation, die ›analytische Meditation‹ (tiefes Nachdenken über eine der buddhistischen Unterweisungen) und die am häufigsten angewendete ›verweilende Meditation‹ (Entstehung eines speziellen tugendhaften Geisteszustands). (Gyatso, S: 49). Darüber hinaus gibt es noch eine Meditation für Fortgeschrittene, den ›Zyklus der einundzwanzig Meditationen‹. (Gyatso, S: 52).

Das zweite, weiterführende Ziel der Meditation ist die Befreiung vom Karma. Wenn Christen um die Vergebung ihrer Sünden bitten, dann waren die Sünden Taten, die sie selbst begangen haben. Sie waren ›schlechte Menschen‹ gewesen und müssen es jetzt bereuen und dafür büßen. Demgegenüber tragen Buddhisten die ›Sünden-Bürde‹ aus ihren früheren Leben mit sich herum. Sie können ›ihre Sünden‹ nicht einmal benennen, Reue und Buße sind daher absolut abstrakt. Aus diesem Grunde braucht es einen ganz anderen, einen philosophischen Ansatz mit der grundlegenden Frage: »Wer bin ich, wer war ich, wer werde ich sein?«.

Die Antwort auf diese ›Ich‹-Frage finden wir in der ›Wahrheit der Ichlosigkeit‹ (s.u.). Sobald wir das begriffen haben und dazu noch die ›Wahrheit der Leerheit‹ (s.u.) erkannt haben – diese zwei buddhistischen Weisheiten vollführen einen Quantensprung zu unserem Verständnis der buddhistischen Lehre – können wir in der Meditation alles erreichen: Wir können uns vom schlechten Karma befreien und wir können uns sogar vom Kreislauf der Wiedergeburt lösen. Wir können – in letzter Konsequenz – unsere eigene Göttlichkeit in der Erleuchtung erleben, im Nirwana, in der Glückseligkeit. In diesem Zustand hat dann alles Leid ein Ende und jedes Wunder ist möglich.

Sobald Sie diese ›Wahrheiten‹ verinnerlicht haben, erkennen Sie das ganze Geheimnis.

Die Ichlosigkeit

Zunächst einmal müssen wir erkennen, dass es unser Ich überhaupt nicht gibt. Geshe Kelsang Gyatso beschreibt es so: Da wir »mein Körper« und »mein Geist« sagen, kann das ›Ich‹ weder der Körper noch der Geist sein. Auch »*die Ansammlung von Körper und Geist kann kein Ich sein, denn in einer Kuhherde ist keines der Tiere ein Schaf, deshalb ist die Herde selbst auch kein Schaf. [...] Wenn wir uns aber vorstellen, dass unser Körper und unser Geist vollständig verschwinden, dann würde nichts übrigbleiben, was wir als Ich bezeichnen könnten. Daraus folgt, dass das Ich nicht von Körper und Geist getrennt ist. [... Da] es keine fünfte Möglichkeit gibt, müssen wir daraus schließen, dass das [... Ich] gar nicht existiert.*« (Gyatso, S: 132ff).

Für den 14. Dalai Lama unserer Zeit, Tenzin Gyatso, liegt der Ursprung aller Leiden im Glauben an die Existenz eines Ichs. Diese wird »*im Buddhismus [...] ganz entschieden verneint.*« (Dalai Lama, S: 9). »*Alle Buddhisten bejahen die Notwendigkeit, das Nichtvorhandensein oder die Leerheit des Ichs zu durchschauen.*« (Dalai Lama, S: 79). Daher sieht auch er noch heute in der spirituellen Praxis der Meditation den Kernpunkt des Buddhismus, da sie uns in diese Ichlosigkeit führt, »*in einen Zustand jenseits allen Kummers, den wir mit dem Sanskritwort › Nirwana‹ [wahrer Frieden] bezeichnen.*« (Dalai Lama, S: 38).

Die Forscherin der tibetischen Kultur Alexandra David-Neel (*1868) meint: »*Erlösung ist die Befreiung vom Kreislauf der Wiedergeburt. Nirvana ist die Auslöschung des Glaubens an die Existenz des Ich. Am besten ist, man befreit sich im Leben vom Ich.*« (David-Neel, S: 78) und »*Yoga ist die Unterdrückung der Bewegungen des Geistes, Nirvana ist die Auslöschung der konstruktiven Aktivität unserer Phantasie. Unsere Vorstellungen sind unsere goldenen (guten) und eisernen (bösen) Ketten. Wir sprengen die Ketten, wenn wir uns vom ›Ich‹ befreien.*« (David- Neel, S: 82).

Der Mensch besteht also aus buddhistischer Sicht nur aus einem Körper und einem Geist (in der Quantenphysik: Bewusstsein, im Christentum: Seele), das ›Ich‹ ist eine Illusion. Der Körper zerfällt mit dem Tod. Der Geist speichert alles, was ich als ›ich‹ empfinde, was mich persönlich ausmacht, was ich Gutes oder Schlechtes gedacht und getan habe – aber nur als Karma. Das Ich verschwindet mit dem Tod. Im nächsten Leben werde ich ein neues Ich haben, eine neue Illusion. Um das zu verstehen, müssen wir jetzt die ›Leerheit‹ kennenlernen.

Die Leerheit

Die Leerheit wird auch ›die endgültige Wahrheit‹ genannt. Alexandra David-Neel schreibt dazu: »*Wir glauben an die Realität der Welt und geben ihr so eine Art Scheinwirklichkeit. In Wahrheit strahlt die Realität aus uns hervor und existiert in Abhängigkeit von der Illusion.*« (David-Neel, S: 50).

Geshe Kelsang Gyatso bemerkt: »*Endgültige Wahrheit ist Leerheit. Leerheit ist nicht Nichts, sondern das Fehlen von inhärenter [innewohnender] Existenz. Durch unseren am Selbst festhaltenden Geist projizieren wir fälschlicherweise auf alle Phänomene eine inhärente Existenz. [...] Das ist die grundlegende Ursache, weshalb wir im Samsara [im Kreislauf der Wiedergeburten] sind.* (Gyatso, S: 129).

Der Dalai Lama zitiert »*die geheimnisvollen Worte des Buddha im ›Herz-Sutra‹: Form ist leer, Leere ist Form.*« (Dalai Lama, S: 81) und dazu den aus dem zweiten Jahrhundert stammenden Text im »Sutra der vollkommenen Weisheit« des buddhistischen Philosophen Nagarjuna: »*Form ist nicht leer von Leerheit, Form ist selbst diese Leerheit.*« (Dalai Lama, S: 82) und »*Wenn wir alle Phänomene als leer erkannt haben, dann erst können Ursachen und Wirkungen Karma und seine Früchte sein. Das ist ein großes Wunder, wunderbarer als das Wunderbarste, erstaunlicher als das Allererstaunlichste. [...] Gerade dieses Fehlen einer Eigenexistenz, diese Leerheit, ermöglicht den Dingen also ihr Wirken – nur deshalb können sie hervorgebracht werden oder selbst etwas hervorbringen.*« (Dalai Lama, S:122) und »*Alles im Reich der Existenz, gleich ob erzeugt oder erdacht, existiert als bloße Zuschreibung. Das ist es an den Phänomenen, was ihre Leerheit ausmacht.*« (Dalai Lama, S: 121).

Auch Yongey Mingyur Rinpoche, ein Exiltibeter (*1975), mit 17 Jahren war er der jüngste tibetische Meditationsmeister, beschreibt die Leerheit so: »*Die Natur, das Wesen unseres Geistes ist Leerheit. (Leere heißt: der Geist ruht, er ist total offen, er ist leer, jenseits von allem, er ist ein grenzen-*

loses Potential, alles kann entstehen, passieren. Alles kann erscheinen, sich verändern, verschwinden.) In der Leerheit liegt unser grenzenloses Potential. Wir können eine grenzenlose Vielfalt an Gedanken und Gefühlen wahrnehmen und erfahren. Die Leerheit ist die absolute Wirklichkeit, die Leerheit ist das unermessliche, undefinierbare Potential, das der Hintergrund aller Phänomene ist. Die ‹Wirklichkeit› ist relativ, Menschen kommen und gehen, Blumen kommen und gehen. Alles, was wir so ‹erleben›, kommt und geht, nichts ist beständig. Das Leben ist wie ein Traum, alles ist relativ, es kommt und geht. Die Leerheit ist die absolute Wirklichkeit.« (Mingyur, S: 100).

Das Licht

Auch Paramahansa Yogananda, ein indischer Buddhist des 20. Jahrhunderts, erkennt unser Leben in dieser Welt als ›leer‹, als reine Illusion. Ihm zufolge löst sich der physische Kosmos als ›Nichts‹ auf, seine Substanz beschreibt er als reines Licht. Unser Leben vergleicht er mit einem Film, der sich auf der Leinwand des menschlichen Bewusstseins abspielt. Alle Veränderungen werden ihm zufolge durch die Kraft der Vorstellung und des Willens hervorgerufen:

»Jeder Mensch, der aufgrund eigener Verwirklichung erkannt hat, daß das Licht die Substanz der Schöpfung ist, kann das allen Wundern zugrunde liegende Gesetz anwenden. Ein echter Meister besitzt die Fähigkeit, dieses göttliche Wissen praktisch anzuwenden und die allgegenwärtigen Lichtatome jederzeit zu projizieren. Die Beschaffenheit die-

ser Projektionen (je nachdem, ob es sich um einen Baum, ein Medikament oder einen menschlichen Körper handelt) wird von der Kraft seines Willens und seiner Vorstellung bestimmt.« (Paramahansa-1, S: 350).

Er erklärt es so: »*Ebenso wie ein Film den Anschein der Wirklichkeit erweckt, tatsächlich aber nichts anderes als eine Kombination von Licht und Schatten ist, so auch das vielgestaltige Universum, das nur aus Trugbildern besteht. [...] Alle vergänglichen Ereignisse, die den 5 Sinnen des Menschen vorübergehend als wirklich erscheinen, werden von den unendlichen schöpferischen Lichtstrahlen auf die Leinwand des menschlichen Bewusstseins geworfen.*« (Paramahansa-1, S: 353). Ihm zufolge kann man »*sich von der Wissenschaft bestätigen lassen, dass es kein stoffliches Universum gibt [...] Das Leben und Weben des Kosmos ist nichts als Maya – Illusion; sobald man ihn auf seine Wirklichkeit hin untersucht, löst er sich auf wie eine Fata Morgana. So bricht nun das sichere Fundament des physischen Kosmos nach und nach unter dem Menschen zusammen.*« (Paramahansa-1, S: 348). »*Mensch und Welt wurden nur zu einem Zweck erschaffen: daß der Mensch die Maya [Täuschung] überwinde und sich seiner Macht über den Kosmos bewußt werde.*« (Paramahansa-1, S: 351).

Paramahansa beschreibt, wie er einmal schwebte: »*Als ich den Blick nach oben richtete, bemerkte ich, daß die Zimmerdecke mit kleinen, senffarbigen Lichtern übersät war, die leise vibrierten und radiumähnlich leuchteten. Myriaden von hauchfeinen Strahlen formten sich zu einem durchsichtigen Lichtregen und ergossen sich lautlos über mich. Sogleich verlor mein Körper seine grobstoffliche Beschaffenheit und verwandelte sich in eine astrale Substanz. Ich fühlte, wie mein schwereloser Körper, der nicht mehr das Bett berührte, abwechselnd leicht nach links und nach rechts schwebte. [...] »Dies ist der Mechanismus des kosmischen Films«, rief eine Stimme, die aus dem Licht zu kommen schien. »Er wirft seinen Strahl auf die weiße Leinwand deiner Bettdecke und ruft dadurch deine körperliche Erscheinung hervor. Sieh! Dein Körper ist nichts als Licht!« Ich blickte auf meine Arme und bewegte sie nach vorn und nach hinten, ohne daß ich ihr Gewicht spürte. Eine ekstatische Freude kam über mich. Dieser kosmische Lichtkegel, aus dem sich mein Körper herauskristallisierte, schien eine göttliche Reproduktion jener Lichtstrahlen zu sein, die aus dem Vorführraum eines Filmtheaters dringen und sich auf der Leinwand zu Bildern formen. [...] Als ich mich von der Täuschung, einen stofflichen Körper zu besitzen, völlig frei gemacht hatte [, nahm ich] im Zustand tiefster Verwirklichung alle Gegenstände als reines Licht wahr.«* (Paramahansa- Autobiographie S: 355).

Er erklärt es so: *»Das Bewusstsein eines vollendeten Yogi umfaßt mühelos nicht nur seinen eigenen Körper, sondern den gesamten Kosmos. Die Schwerkraft [Gravitationsgesetz Newtons oder Trägheitsgesetz Einsteins] ist außerstande, einen Meister zu zwingen, die einem stofflichen Körper eigentümliche Schwere anzunehmen. Wer sich selbst als allgegenwärtigen Geist erkannt hat, kann nicht mehr durch die träge Masse eines in Zeit und Raum lebenden Körpers begrenzt werden.«* (Paramahansa- Autobiographie S: 349). Reine Energie mit der Ruhemasse 0 ist Licht.

Der Lehrer Paramahansa Yoganandas, Swami Sri Yukteswar, 1936 verstorben, greift die Erkenntnisse der Quantenphysik auf und verweist in seinem Hauptwerk »Die Heilige Wissenschaft« sowohl auf die Bibel als auch auf die Atome: *»Das Wort »Amen« – »OM« – ist der Beginn der Schöpfung. Die allmächtige Kraft [...] offenbart sich als Schwingung, als ein besonderer Laut, als das Wort, Amen oder OM.«* (>Sri Yukteswar, S: 32). *»Die vier Ausdrucksformen: das Wort, Zeit, Raum und Atom. [...] sind daher ein und dasselbe und im wesentlichen nichts anderes als bloße Vorstellungen. Diese Offenbarung des Wortes wurde Fleisch, d.h. Materie, und erschuf so diese sichtbare Welt. Da das Wort (Amen oder OM) die Ausdrucksform des ewigen allmächtigen Vaters, d.h. seines eigenen SELBST, ist, so ist es auch nicht von IHM zu trennen und nichts anderes als Gott selbst.«* (>Sri Yukteswar, S: 33). *»Die Schöpfung wird durch ›Anu‹, die Atome, hervorgerufen. In ihrer Gesamtheit werden sie [die Atome] ›Maya‹, die von Gott erschaffene Macht der Täuschung, genannt; und jedes einzelne ›Anu‹ wird ›Avidya‹ (Unwissenheit) genannt.«* (Sri Yukteswar, S: 34).

Deepak Chopra, ein zeitgenössischer Hindu, der in den USA lebt, bezieht sich wiederum auf die Quantenphysik und bringt es auf den Punkt. Er nennt Max Plancks Urgrund eine ›nichtörtliche Intelligenz‹. Ihm zufolge befindet sie sich überall zugleich und kann an verschiedenen Orten gleichzeitig mehrere Wirkungen erzielen. Er schreibt: *»Wenn Sie lernen, Ihr Leben von dieser Ebene aus zu führen, dann ist es Ihnen möglich, sich spontan jeden Wunsch zu erfüllen. Sie können Wunder wirken.«* (Chopra, S: 43).

Er kommentiert das Experiment ›Schrödingers Katze‹ so: »*Weil der bewusste Beobachter eine Schlüsselrolle dabei spielt, ob sich die Materiewelle letztlich dafür entscheidet, Teilchen oder Welle zu sein, gelangten Niels Bohr und andere Physiker zu der Überzeugung, dass allein das Bewusstsein für den Kollaps der Materiewelle verantwortlich ist. [...] Ohne das Bewusstsein, das beobachtet und interpretiert, würde alles nur als reines Potential existieren. Dieses reine Potential ist der virtuelle Bereich, die dritte Existenzebene. Sie ist nicht örtlich und kann nicht vermindert werden, sie ist unendlich und allumfassend. Der Zugang zu diesem Potential erlaubt es uns, Wunder zu wirken.*« (›Chopra, S: 48, 49).*

Lassen Sie uns kurz die in diesem Kapitel gewonnenen Erkenntnisse des Buddhismus zusammenfassen:

Wir haben gesehen, dass unser Körper nur unsere scheinbare ›Realität‹ in dieser Welt ist, er löst sich nach dem Tod restlos auf. Unser Geist ist der Träger unseres Karmas und geht dann mit allen Speicherungen irgendwann einmal in einen nächsten Körper über. Unser Ich jedoch ist nur eine Illusion, es verschwindet vollkommen, denn im nächsten Leben bekommt unser Geist ein neues Ich. Das Karma, d.h. unsere geistigen, sprachlichen und körperlichen (gespeicherten) Handlungen in diesem Leben sowie in allen Inkarnationen zuvor, ist verantwortlich für alles Leid, das wir jetzt ertragen müssen. In der Meditation können wir uns vom Karma – sogar vom Kreislauf der Wiedergeburt – befreien.

Das geht aber nur, wenn wir die Ichlosigkeit (unser Ich ist ja eine Illusion, die mit dem Tod verschwindet) und die

Leerheit (alles ist ‹Nichts›, alles ist ‹Leere›) erkannt haben. Die ›endgültige Wahrheit‹ ist nämlich: Die Realität der Welt ist abhängig von der Illusion, etwas zu sein; sie ist eine Scheinwirklichkeit. Dadurch, dass alles ›leer‹ ist, kann es wiederum jede Form annehmen und auch jederzeit wieder verschwinden.

Die Substanz des physischen Kosmos ist ›Nichts‹, d.h. reines Licht. Die vergänglichen Ereignisse sind nur schöpferische Lichtstahlen auf der Leinwand unseres Bewusstseins. Veränderungen geschehen in der Höheren Dimension – mit Licht und Schatten – durch die Kraft unserer Vorstellungen und unseres unbedingten Willens. Alle Zeit (gestern, heute, morgen) ist ›jetzt‹.

Auf einen Blick – wichtig für unser Wunder-Verständnis

Q u a n t e n p h y s i k : **Es gibt keine Materie an sich *(Planck: Wirkungsquantum)*: Alles ist möglich **Der Zufall spielt eine Rolle *(Heisenberg: Unschärferelation)* **Der Beobachter entscheidet das Ergebnis *(Schrödinger: Gedankenexperiment)* **Informationen werden unendlich schnell übernommen *(Impuls bei den Menschen: die Sprache der Bilder und der Gefühle)* **Die Höhere Dimension ist der ›Ort‹, an dem ›Probleme gelöst werden‹ *(Einstein)* **Reine Energie mit der Ruhemasse 0 ist Licht

C h r i s t e n t u m : **Im tiefen Gebet – im ›Eins-Sein mit Gott‹ *(Johannes 15,5: ›Ich bin der Weinstock, ihr seid die Reben‹)* erleben wir unsere Göttlichkeit – dann sind Wunder möglich **Ich muss es schon haben, damit ich es bekomme

(Bibel, Matthäus 13) **Der Verstand verhindert den Zugang zur Höheren Dimension *(dort geschehen die Wunder)*

B u d d h i s m u s : **Der Körper ist unsere scheinbare ‹Realität› in dieser Welt **Der Geist ist der Träger unseres Karmas und geht nach dem Tod mit allen Anhaftungen in den nächsten Körper über **Unser Ich ist eine Illusion, es verschwindet mit unserem Tod, im nächsten Leben bekommt unser Geist ein neues Ich **Das Karma ist verantwortlich für alles Leid **In der Meditation ist die Reinigung vom Karma, sogar vom Kreislauf der Wiedergeburt, möglich **Die Erkenntnis der Ichlosigkeit **Die Erkenntnis der Leerheit **Die Substanz des physischen Kosmos ist ›Nichts‹, d.h. reines Licht **Die vergänglichen Ereignisse sind schöpferische Lichtstahlen auf der Leinwand unseres Bewusstseins **Veränderungen geschehen in der Höheren Dimension- mit Licht und Schatten – durch die Kraft unserer Vorstellungen und unseres unbedingten Willens **Alle Zeit (gestern, heute, morgen) ist ‹jetzt›

Wunder – aus der Sicht von Schamanen

Seit Urzeiten, seitdem es Menschen gibt, spielt die Suche nach etwas Höherem, etwas Heiligem, einer Macht, die helfen könnte, die Probleme des Lebens zu bewältigen, eine große Rolle. Es ist faszinierend zu sehen, dass viele der indigenen Völker und Stämme, völlig unabhängig voneinander, auf allen Kontinenten unserer Erde bei ihrer Suche danach die spirituelle Welt der Geister im transzendenten Jenseits entdeckt haben.

Wie kann man sich das vorstellen, wie schafften die Schamanen, die spirituellen Spezialisten, es, sich Zugang zu dieser transzendenten Geisterwelt zu verschaffen?

<u>Die Trance</u>

So unterschiedlich die Weltbilder und Religionen der indigenen Völker auch waren, so verschieden sie die rituellen Zeremonien für ihre Hilfsgeister oder Götter gestalteten, als Zugang zu dieser geheimnisvollen Sphäre fanden sie erstaunlicherweise fast übereinstimmend alle den rituellen Weg der Trance und der damit einhergehenden Ekstase.

Zum Erreichen dieser Trance gibt es hauptsächlich zwei Methoden. Zum einen ist es der Klang eines betörenden Trommelwirbels, der die Menschen zum Tanz mitreißt, und je temperamentvoller der Takt geschlagen wird, desto überschäumender und entrückter bewegt sich der Tänzer – bis hin zur Trance, bis in die Ekstase, und von dort in die geheimnisvolle Sphäre der ›Wunderwelt‹. Ein anderer Weg zur Trance und Ekstase führt über die Wirkung halluzinogener (bewusstseinserweiternder) Drogen, die aus der Natur gewonnen werden: Pflanzen- oder Wurzel- Extrakte oder Säfte oder Tees. (vgl. Harner, S: 12).

Im Zustand der Trance, der Ekstase, verlässt die Seele des Schamanen den Körper und begibt sich auf eine ›Seelen-Reise‹. Der amerikanische Ethnologe Michael Harner beschreibt es so: »*Die meisten Schamanen der Welt [be-nutzen] Trommeln oder andere Perkussionsinstrumente als »Pferde« oder »Kanus«, die sie in die verborgene Realität der Geister transportieren.*« (Harner, S: 13), »*Die Grundform dieser Reise [...] ist die Reise in die Unterwelt.*« (Harner, S: 70). Der Eingang dorthin ist, laut Harner, meist eine Quelle, ein Loch oder ein Tunnel (Harner, S: 70, 71) oder auch ein Mandala mit einem »*tunnelartigen Kreis [...] im Mittel-punkt [, das] als Eingangstor zu den Welten der Götter und Geister [dient].*« (Harner, S: 77).

Andere Schamanen erleben eine ›Besessenheit‹, indem ein Geist auf spektakuläre Weise in ihren Körper einfährt, um diesen für eine Weile in Besitz zu nehmen, wie es der Regisseur des Films ›Living Buddha‹, Clemens Kuby darstellt. (vgl. Kuby, S: 188-192).

Im transzendenten Jenseits, in der ›Wunderwelt‹, baten die spirituellen Spezialisten dann die Geister oder die Götter auf die eine oder andere Weise um Hilfe, Kraft und Wissen. Es ging ihnen hauptsächlich um das Wohl der Gemeinschaft, um Krankenheilung, um einen Jagdzauber, einen Sieg gegen einen anderen Stamm, eine Weissagung oder um eine sonstige Problemlösung. Da dabei oft aufsehenerregende, unerklärliche Wunder geschahen, wurden sie sehr verehrt. Im Gegenzug, als Huldigung und Dank, wurden den Geistern oder den Göttern während der rituellen Zeremonien mithilfe heiliger Texte, heiliger Gesänge und Gebete Opfergaben dargebracht.

Die Opfergaben

In frühesten Zeiten wurden sogar Menschen geopfert. Laut Leo Maria Giani, einem deutschen Ethnologen, stellte »*die antike Religion [... ganz besonders] das, was uns Schrecken einjagt, die Todesdimension, in Gestalt des Opfers ins Zentrum des Ritus.*« (Giani, S: 121). So war ihm zufolge »*seit Beginn des Neolithikums das Menschenopfer in den Ackerbau- und Pflanzenkulturen weit verbreitet.*« (Giani, S: 118). Da die Menschheit jedoch wuchs und wuchs, hätten immer mehr Menschen geopfert werden müssen, daher ging man zu Tieropfern wie Schafen und Ziegen über, wobei gemäß Giani, »*zwischen Tier und Gottheit [...] eine geheime, intime Beziehung [bestand]. Das einer Gottheit zugeordnete Tier war ein Tier, in dem die Gottheit auch zur Erscheinung kommen konnte.*« (Giani, S: 112). »*Das Opfer eines schwarzen Widders [z.B.] verbindet den Opfernden mit den Mächten der Unterwelt.*« (Giani, S: 116).

Das Fleisch, der laut Giani »vergängliche Teil« (Giani S: 108), durfte von den Menschen verspeist werden, wobei dies nicht nur »Sättigung, sondern Sakrament« (Giani, S: 111) bedeutete. Die Knochen, der »beständige Teil des Lebewesens, [sie waren der] Träger seiner Lebensessenz [wurden feierlich bestattet]; sie sicherten seine Wiederkehr.« (Giani, S: 108). In erster Linie wurden die Schädel und die Oberschenkelknochen »als besondere Kraftträger angesehen, die auf die Opfernden eine segensreiche Macht ausübten.« (Giani, S: 110).

Der Brauch, Tierschädel oder Geweihe im oder am Haus aufzuhängen, hat sich bis heute gehalten.

Schamanische Praxis – Beispiele

Seit dem 19. Jahrhundert fassen Wissenschaftler alle diese spirituellen Spezialisten, »ganz unterschiedliche Menschen nichtwestlicher Kulturen, die früher unter folgenden Bezeichnungen bekannt waren: Hexe, Hexendoktor, Medizinmann, Zauberer, [...] Magier, Seher.« (Harner, S: 63) global unter dem Sammelnamen ›Schamanen‹ zusammen, deren historischer Ursprung im Kulturkreis Sibiriens angesiedelt war. (vgl. Harner, S: 63). Heutzutage gibt es noch eine ›moderne‹ Variante der Schamanen, die Neoschamanen.

Michael Harner beschreibt seinen Weg, als er 1960/ 61 im peruanischen Amazonasgebiet den spirituellen Glauben der Menschen erforschte: »Sie erklärten mir, es gebe nur einen Weg, ihre Religion zu verstehen, nämlich Ayahuasca zu probieren, das bewusstseinsverändernde Getränk, mit

dessen Hilfe ihre Schamanen in die verborgenen Welten der
Geister gelangten. [...] Als ich dieses Getränk zum ersten Mal
probierte, waren mir Psychedelika noch unbekannt. [...] LSD
gehörte noch nicht zur amerikanischen Kultur. [...] Ich war
in eine Realität vorgedrungen, die weit tiefer reicht als die
menschliche Kultur.« (Harner, S: 11-12).

Harner meint jedoch, dass der größte Teil aller spirituellen Spezialisten weltweit durch *»monotones Trommeln mit einer Frequenz von vier bis sieben Schlägen pro Sekunde [...] in den veränderten Bewusstseinszustand eintreten.«* (Harner, S: 12).

Clemens Kuby besuchte Schamanen auf der ganzen Welt, in Russland, USA, Philippinen, Nepal, Burma, Korea, Peru, Sudan etc. Er kommt zu dem Schluss, dass die Schamanen besonders erfolgreich sind, wenn sie im Heilsuchenden einen Schock auslösen, um dessen Selbstheilungskräfte zu erwecken und zu fördern. Das gelingt ihnen am besten, wenn sie dem Patienten einen sehr heftigen Schmerz zufügen oder ihm einen abscheulich bitteren Sud zu trinken geben.

Grandiose Heilerfolge feierte, Kuby zufolge, der Schamane Toni Powel mit seiner ›psychischen OP‹, als er Blut ins Spiel brachte. Er zeigte den Patienten blutige Partikel (Gewebe-Fleisch- oder Knochenteilchen) die er vermeintlich ›herausoperiert‹ hatte, und warf sie in dramatischer Weise in den Mülleimer mit den Worten: »Weg mit dem Geschwulst!« oder »Weg mit dem Schmerz!«. Wir Menschen drehen oft durch, wir bekommen Panik, es berührt uns zutiefst, wenn wir unser eigenes Blut sehen. Es reißt uns aus der Normalität und wir vergessen für kurze Zeit, wer wir sind und wo wir sind. Dieses ›Sich-selbst-vergessen‹ führt uns, so Kuby, schlagartig in die Höhere Dimension. (vgl. Kuby, S: 182). Hier können dann die Wunder geschehen.

Die Erdenwächter im alten Peru

Der Neoschamane Alberto Villoldo, ein US-Amerikaner mit kubanischen Wurzeln, beschreibt die Medizinmänner und -frauen amerikanischer Ureinwohner als ›Erdenwächter‹. Diese hatten es sich zur Aufgabe gemacht, mit ihrer Weisheit der Welt als Beschützer und Verwalter der Natur zu dienen. Immer wieder jedoch wurden sie wegen ›Hexerei‹ oder ›Zauberei‹ verfolgt, gefoltert und getötet, wie zum Beispiel von den europäischen Eroberern und Einwanderern und von der Inquisition. Daher mussten sie ihr Wissen als Geheimnis aufbewahren.

Villoldos Mentor Don Antonio, ein Erdenwächter aus Südamerika, erkennt die Welt, Villoldo zufolge, so: Die gesamte Schöpfung besteht aus Schwingung und Licht. Wir erleben sie als gegenständlich und real, aber sie ist nur ein Traum. Die Entdeckungen der Quantenphysik haben uns gezeigt, was die Laika (Erdenwächter in den Anden und am Amazonas) schon seit Jahrtausenden wissen, dass Materie nur verdichtetes Licht ist und unzählige Formen annehmen kann. Die Laika kennen vier Wahrnehmungsebenen, die den »*vier Manifestationsstufen der Schwingung und des Lichts entsprechen: die physische Welt (der Körper), der Bereich der Gedanken und Vorstellungen (der Geist), das Reich*

der Mythen (die Seele) und die Welt des Spirits (der reinen
Energie). [...] Sie sind ineinander verschachtelt wie russische
Matroschka-Puppen. Ganz innen befindet sich der physische
Körper, der vom mentalen Körper umhüllt und beeinflusst
wird. Darum legt sich die Seele, und die äußerste Hülle wird
vom spirituellen Körper gebildet, der den anderen wie eine
Matrix zugrunde liegt und sie steuert. Beim Aufstieg von
einer Wahrnehmungsebene zur nächsten bleibt uns die Fä-
higkeit erhalten, auch auf der niedrigeren Stufe zu funktio-
nieren. Gleichzeitig weitet sich unsere Sicht, die wir erleben.«
(Villoldo, S: 33).

Die Laika lehren, wie wir es schon von Einstein kennen,
dass man Probleme nie in der gleichen Ebene lösen kann,
in der sie entstanden sind. Die absolut wirkungsvollste
Ebene ist natürlich die höchste Stufe des ›Spirits‹, der reinen
Energie, bei ihnen ist es die des ›Adlers‹. »*Die Erdenwächter*
wissen, dass wir auf der Ebene des Adlers durch die Zeit
reisen und den Hurrikan finden können, solange er noch ein
Lufthauch auf dem Schmetterlingsflügel ist - das heißt, wir
können den Sturm heilen, ehe er aufkommt. Das ist die Gabe
dieser Ebene: Hier gibt es keine Zeit, und deshalb können wir
die Dinge ändern, ehe sie entstehen. Wir können die Welt ins
Dasein träumen, ehe Energie physische Gestalt annimmt.«
(Villoldo, S: 51-52).

Sobald wir wie die Laika erkennen, dass wir alles, was um
uns herum geschieht, nur erträumt haben, so wie wir auch
nachts vergessen, dass wir nur träumen, kann uns nichts
mehr zustoßen. Wir können es ja ändern, indem wir etwas
anderes ›erträumen‹.

Diese Sicht zeigt uns, dass Quantenphysik, Christentum, Buddhismus und Schamanismus in der höchsten Ebene sehr nahe beieinander liegen.

Als Beispiel eines schamanischen Wunders beschreibt Villoldo, wie Don Antonio einmal ›Regen‹ betete – nicht ›um‹ Regen, sondern auf magische Weise nur ›Regen‹. Dabei hatte er sich »*auf die Ebene des Adlers begeben und [...] aufgelöst. In jenem einen, unendlichen Augenblick hatte er aufgehört zu existieren. Es gab nur noch den Spirit, und folglich gab es niemanden, zu dem man hätte beten müssen. Er betete einfach Regen, und der Regen kam.*« (Villoldo, S: 245).

Don Antonio hatte sich also ›als Adler‹ in die Höhere Dimension begeben, ist Eins mit allem geworden und dann – kam der Regen.

Die Tolteken Südmexikos

Der mexikanische Neoschamane Don Miguel Ruiz beschreibt das tiefgreifende Wissen der Tolteken, die vom 10. bis 12. Jh. in Süd-Mexiko ihre Blütezeit erlebten. Sie waren ›Künstler des Geistes‹, ihre magische Weisheit führt uns, laut Ruiz, zu unserem wahren Selbst. Das Zentrum ihrer Kultur, die antike Stadt der Pyramiden nahe Mexico City, Teotihuacan, ist »*bekannt als jener Ort, an dem ›der Mensch Gott wird‹*«. (Ruiz, S: 11).

Auch aus Sicht der Tolteken ist unser ganzes Leben ein Traum. Sie trennten, Don Miguel Ruiz zufolge, die wahre Realität (Wahrheit) von der virtuellen Realität (virtuelle

Wahrheit). Die Wahrheit ist das, was wir wahrnehmen, was wir einfach wissen und ohne Worte spüren. Wenn wir zum Beispiel einen Stuhl sehen, erkennen wir sofort, dass man sich auf ihn setzen kann. Sobald wir ihn aber wahrgenommen haben, interpretieren wir ihn. Wir geben ihm einen Namen und finden ihn schön und bequem, oder er kommt uns scheußlich und viel zu hart vor. Andere denken vielleicht, dass er modern und cool ist oder altmodisch und wackelig. Auf diese Weise ist er eine virtuelle Wahrheit geworden, jeder beurteilt ihn anders.

Unser Leben, das Licht und die Liebe sind Wahrheiten. Sobald wir sie jedoch auch benennen und mit Gefühlen aufladen, sind sie zu Symbolen geworden, zu virtuellen Wahrheiten, zu unserer ›persönlichen Schöpfung‹.

Ruiz zufolge ist eine Sache auch virtuell, wenn sie nicht in der Form existiert, in der sie zu existieren scheint, wie z.B. ein Spiegelbild, das nicht die Wirklichkeit, sondern nur ein Abbild der gespiegelten Objekte wiedergibt. Er schreibt »Und genauso träumen Menschen, wenn ihr Gehirn sich im Wachzustand befindet.« (Ruiz, S: 52), »Erst muss man erkennen, was real ist, und dann, was virtuell ist, also was wir für real halten. Mit dieser Erkenntnis, diesem Bewusstsein wird uns klar, dass wir das, was virtuell ist, ändern können, indem wir das ändern, was wir glauben.« (Ruiz, S: 38).

Unser Leben ist also aus Sicht der Tolteken nur eine virtuelle Wahrheit, die wir selbst ändern können, sobald wir sie neu interpretieren. Das ist genial, es ist eine sensationelle Chance für jeden von uns. Ein Beispiel: Das Leben von Xyz wirkt vielleicht von außen gesehen großartig, alle anderen bewundern und beneiden ihn, er selbst jedoch ist sturzunglücklich, da er gerade ein geheimes Drama durchlebt. Was davon ist die Wahrheit, sein ›Glück‹ oder sein ›geheimes Drama‹? Nichts davon. Es sind alles nur virtuelle Wahrheiten. Die gute Nachricht: Man kann sie aus diesem Grunde ändern. Xyz könnte sein ›Drama‹ neu interpretieren, er könnte es als ›Chance‹ erkennen oder als ›Sprungbrett‹ zu etwas Neuem, viel Besserem.

Wie aber funktioniert das? Die Antwort der Tolteken lautet, Ruiz zufolge, dass wir mit dem Wort alles ändern können – vergleiche auch: »*Und Gott sprach: Es werde Licht! Und es ward Licht.*« (1 Mose 1, 3). Ruiz schreibt: »*Dem Wort als Symbol wohnt die magische Kraft der Schöpfung inne, weil das Wort in Ihrem Geist ein Bild, eine Idee, ein Gefühl oder eine komplette Geschichte schafft. […] Das Wort […] ist Ihre Magie, Ihre Schöpferkraft, […] es ›ist‹ die Absicht, und deshalb manifestiert sich unsere Absicht durch das Wort, egal welche Sprache wir sprechen.*« (Ruiz, S: 45-47). »*Sie erschaffen sich in Ihrem Geist eine komplette virtuelle Realität und in dieser Realität leben Sie.*« (Ruiz, S: 40). »*Obwohl Sie wissen, dass Ihre Geschichte nicht wahr ist, können Sie die schönste Geschichte erschaffen und Ihr Leben durch diese Geschichte geleiten. Sie können sich Ihren persönlichen Himmel erschaffen und in diesem Himmel existieren.*« (Ruiz, S: 115).

Bei der Vertreibung aus dem Paradies (Altes Testament) saß die Schlange auf dem Baum der Erkenntnis und verführte Eva dazu, in den Apfel zu beißen. Die Schlange war,

Ruiz zufolge »*ein gefallener Engel [...] Satan, der Herr der Lügen [Sie fragte Eva] >Willst du sein wie Gott?< Eine simple Frage, aber ist Ihnen klar, welchen Haken sie hat? Wenn wir erwidert hätten: >Nein danke, ich bin schon Gott<, würden wir bis heute im Paradies leben, aber wir erwiderten: >Oh ja, ich wäre gerne Gott [...] Aber: Wir sind selbst ein Teil von Gott. Wir müssen nur erkennen, dass wir das sind.*« (Ruiz, S: 124). »*Deshalb sind Sie hier: um [...] Ihre eigene Göttlichkeit zurückzuerlangen. Es ist Zeit, die Welt der Illusion, die Welt der Lügen, zu verlassen und zu Ihrer eigenen Wahrheit, Ihrer eigenen Authentizität, zurückzufinden. [...] Bewusstsein ist der Schlüssel, um zum Leben zurückzufinden.*« (Ruiz, S: 128-129).

Die Wunderheilung

Clemens Kuby ließ sich in Nepal von der tibetischen Schamanin Lhamo Dolkar behandeln. Um Wunderheilungen zu vollbringen, versetzte diese sich in eine tiefe Trance und >verlieh< ihren Körper dem Geist einer großen tibetischen Yogini aus dem 14. Jahrhundert. Was danach geschah, bekam sie persönlich gar nicht mehr mit. Einmal in Trance, nahm Lhamo Dolkar ihre neue Identität an, sie veränderte die Stimme und ihr Auftreten, sie schimpfte und ermahnte hellseherisch.

Bei Clemens Kuby, der trotz einer Meniskusoperation starke Schmerzen im Knie hatte, setzte sie, wie er es schildert, »*ein kleines Kupferrohr neben der Kniescheibe an und bohrt es so fest in die Haut, dass es mehr wehtut als alle Schmerzen, die ich dort je hatte. Durch das Röhrchen saugt sie eine dicke* *schwarze Soße aus meinem Knie ab. [...] Die Schmerzen im Knie sind nach drei Tagen weg [...] Ich kann nicht sagen, womit das zu tun hat; ich weiß nur so viel: Wenn ich gesagt hätte, ihre Behandlung hätte nicht geholfen, dann hätte sie mich noch ein zweites Mal so schmerzhaft behandelt, und das wollte ich mir um Himmels willen ersparen. Mein Knie sah das auch so und war geheilt. Vermutlich hat in meiner Psyche genau das gewirkt, was ich schon über die philippinischen Heilmethoden sagte: Die Performance von Dolkar ist für meine Psyche so heftig gewesen, dass ich mich der beabsichtigten Wirkung nicht mehr entziehen konnte. [...] eine Bestätigung dafür, dass wir in erster Linie geistige und nicht körperliche Wesen sind. [... Es spielte] keine Rolle, dass die Behandlung ein Trick war, denn er zeigte Wirkung. [...] Wer zum Schamanen geht, besucht einen Performance-Künstler. Für wen dieser gut oder schlecht ist, entscheidet die Wirkung. [...] Ihr unbedingter Wunsch, die Schmerzen mögen mich verlassen, [ist] bei mir so angekommen, wie sie es aus tiefstem Herzen gewollt hat. Diese selbstlose Hingabe war so beeindruckend, dass ich mich danach in einem anderen Lebensgefühl wiederfand. Mein Knie war in diesem Zusammenhang bedeutungslos, aber mein Herz quoll über durch diese unerwartete Zuwendung. Indem Lhamo Dolkar sich mit einer spirituellen Figur, der Yogini, identifiziert, katapultiert sie sich selbst aus den materiellen Anbindungen ihrer körperlichen Existenz heraus und kann so unsere Seele berühren, wo alle Krankheit und alle Heilung beginnt. Schlagartig habe ich dadurch die Bewusstseinsebene gewechselt, weg von allem, was ich jahrelang über mein kaputtes, schmerzendes Knie gehört hatte – hin zu >Der Geist ist alles, kann alles, macht alles – steht weit über der Materie<. Das war das*

Bewusstsein der Yogini, sozusagen die geistige Ebene pur, wie der Ursprung des Universums. Keiner der Teilnehmer an Dolkars Trance-Sitzung redet von Fake oder fragt: »War das echt?« Nichts dergleichen, denn die Energie ist echt gewesen. [...] Geld nimmt sie keines.« (Kuby, S: 188-192).

Nicht nur Lhamo Dolkar hat ihre Heilung aus einer höheren, göttlichen Sphäre heraus vollzogen, sondern auch Clemens Kuby erlebte seine wunderbare Heilung nur dadurch, dass auch er die ›Bewusstseinsebene‹ gewechselt hat. Wunder sind nur so möglich.

Auf einen Blick – wichtig für unser Wunder-Verständnis

Quantenphysik: *Es gibt keine Materie an sich (Planck: Wirkungsquantum): Alles ist möglich *Der Zufall spielt eine Rolle (Heisenberg: Unschärferelation) *Der Beobachter entscheidet das Ergebnis (Schrödinger: Gedankenexperiment) *Informationen werden unendlich schnell übernommen (Impuls bei den Menschen: die Sprache der Bilder und der Gefühle) *Die Höhere Dimension ist der ›Ort‹, an dem ›Probleme gelöst werden‹ (Einstein) *Reine Energie mit der Ruhemasse 0 ist Licht

Christentum: *Im tiefen Gebet – im ›Eins-Sein mit Gott‹ (Johannes 15,5: ›Ich bin der Weinstock, ihr seid die Reben‹) erleben wir unsere Göttlichkeit – dann sind Wunder möglich *Ich muss es schon haben, damit ich es bekomme (Bibel, Matthäus 13) *Der Verstand verhindert den Zugang zur Höheren Dimension (dort geschehen die Wunder)

B u d d h i s m u s: *Der Körper ist unsere scheinbare ‹Realität› in dieser Welt *Der Geist ist der Träger unseres Karmas und geht nach dem Tod mit allen Anhaftungen in den nächsten Körper über *Unser Ich ist eine Illusion, es verschwindet mit unserem Tod, im nächsten Leben bekommt unser Geist ein neues Ich *Das Karma ist verantwortlich für alles Leid *In der Meditation ist die Reinigung vom Karma, sogar vom Kreislauf der Wiedergeburt, möglich *Die Erkenntnis der Ichlosigkeit *Die Erkenntnis der Leerheit *Die Substanz des physischen Kosmos ist ›Nichts‹, d.h. reines Licht *Die vergänglichen Ereignisse sind schöpferische Lichtstahlen auf der Leinwand unseres Bewusstseins *Veränderungen geschehen in der Höheren Dimension mit Licht und Schatten – durch die Kraft unserer Vorstellungen und unseres unbedingten Willens *Alle Zeit (gestern, heute, morgen) ist ‹jetzt›

S c h a m a n i s m u s *Die Schöpfung besteht aus Licht und Schwingung. *Was wir für wahr halten, ist nur ein Traum. *In der höchsten geistigen Ebene gibt es keine Zeit, deshalb können wir alles ändern, bevor es entsteht. *Wir verwechseln das projizierte Bild mit der Wirklichkeit – deshalb müssen wir den Film ändern, nicht die Leinwand. *Durch Schock oder Schmerz vernichten wir alte Denkmuster und durchbrechen unsere alte, vertraute Bewusstseinsebene.

Wunder – Vielfalt

Trotz zum Teil unterschiedlichster Antworten der Quantenphysiker, der Christen, der Buddhisten und der Schamanen auf die Frage »Wie geschehen Wunder?«, sind sich doch alle in einem Punkt einig: Die Wunder vollziehen sich in der Höheren Dimension. Dort befinden sich die Kraft und die Allmacht, nur von dort aus kann alles passieren.

Quantenphysiker

Für Quantenphysiker gibt es keine Materie an sich, daher sind sprunghafte Veränderungen jederzeit möglich. Ein Atom ist unberechenbar, es kann an mehreren Orten gleichzeitig sein, es kann aber auch plötzlich verschwinden. Bis zur endgültigen Erscheinung in unserer sichtbaren Welt existieren mehrere Realitäten gleichzeitig – und die Information eines Binärcodes oder die eines Beobachters (Bilder und Gefühle) bestimmen dann das Ergebnis.

Christen

Für Christen können Wunder geschehen, sobald sie in der ›Einheit mit Gott‹ ihre Göttlichkeit erkannt haben und mit dem verinnerlichten Wissen, ›ich habe es schon‹, Informationen setzen (Bilder + Filme des erfüllten Wunsches und Gefühle – siehe `Praxis‹).

Buddhisten

Für Buddhisten sind Wunder möglich, sobald sie die Substanz des physischen Kosmos als ›leer‹ oder als Licht erkannt haben und dazu, dass das Ich nur eine Illusion ist, mit der wir unser Leben führen. Dann können die schöpferischen Lichtstrahlen auf der Leinwand unseres Bewusstseins jede Form annehmen. Da alle Zeit ›jetzt‹ ist, ist immer alles möglich.

Schamanen

Für viele Schamanen ist das, was wir alle für gegenständlich halten, nur virtuell und unser Leben ist folglich ein von unserer Meinung verzerrtes Abbild in unserem Bewusstsein, ein Traum. Da es auch bei ihnen keine Zeit gibt, können sie in einer neuen Bewusstseinsebene, in der Höheren Dimension, alles ändern, bevor es entsteht, sie können ein Wunder ins Leben träumen.

Auf geht's zu Ihrem Wunder

Jede Religion hat, wie wir erfahren haben, ihren eigenen Weg und ihre eigene Doktrin entwickelt. Obwohl sie sich in vieler Hinsicht himmelweit voneinander unterscheiden, ist es umso faszinierender, dass die Essenz, das Allerheiligste einer jeden Religion, letztendlich im gleichen ›Ziel‹ endet, in der Allmacht, in der Höheren Dimension.

Nahezu unglaublich ist jedoch, dass es ausgerechnet der Wissenschaft, der Quantenphysik, gelungen ist, Licht ins Wunder-Geheimnis zu bringen. Ihren Erkenntnissen verdanken wir es, dass wir endlich um vieles mehr verstehen können, wie die gesamte Welt und vor allem die Welt der Wunder funktioniert.

Das sollten wir jetzt sofort nutzen – auf geht's zu unserem Wunder.

Der Zugang zur Höheren Dimension

Alle Religionen haben es also erkannt: In der Höheren Dimension sitzen die Kraft und die Allmacht, nur von dort aus kann alles passieren: alle tiefgreifenden Veränderungen, alle Wunscherfüllungen, alle Wunder. Wie aber können wir uns diesem Zentrum nähern?

Das Gebet erhebt die Christen in diese höheren Sphären, die Buddhisten erreichen es in der Meditation, die Schamanen versetzen sich in Trance und in den Kulturen der antiken Welt war es der Schrecken der Todesdimension, der die Menschen dorthin führte.

Einig sind sich alle: Jeder, der einen Wunsch erfüllt bekommen oder gar ein Wunder erleben möchte, strebt auf die eine oder die andere Weise nach dem EINS-Sein mit dem großen Ganzen. An diese Kraft, an diese Energie wollen sie alle andocken.

Schauen wir uns nun einmal einige dieser Zugänge näher an.

<u>Das Gebet der Christen</u>

Jesus hat das berühmteste Gebet der Christen, das ›Vater Unser‹, seinen Jüngern selbst beigebracht. Es besteht aus Lobpreis, Anbetung und Bitten und gilt als Vorbild aller christlichen Gebete. Zur Höheren Dimension führt uns am besten der auf der ganzen Welt verbreitete, magische ›Rosenkranz‹, eine Kombination aus dem ›Vater Unser‹ und mehreren anderen Gebeten.

Beim ›Rosenkranz‹-Gebet (der Begriff existiert seit dem 15. Jahrhundert) ertastet der Betende mit den Fingerspitzen jede einzelne der 59 Kugeln und ›weiß‹ dann, welches der Gebete einer jeden Kugel zugeordnet ist. Es sind ein Glaubensbekenntnis, 53 ›Ave Maria‹, vier mal fünf ›Geheimnisse‹ aus dem Leben Christi und sechs ›Ehre sei dem Vater‹.

Allein zehn ›Ave Maria‹ hintereinander andächtig beten und die jeweiligen ›Geheimnisse‹ mitfühlend verinnerlichen, vergleicht Paul Badde, der Mitherausgeber des ›VATICAN magazin‹, mit »*einer kleinen Pilgerreise.*« (Badde, S: 63). Die Geheimnisse betrachten das Leben, Sterben und die Auferstehung Jesu Christi, die der Gläubige voller Andacht nachempfindet.

Die magische Kraft des ›Rosenkranzes‹ entfaltet sich ganz besonders in der traumwandlerischen Wiederholung zu einer Reise in die Höhere Dimension.

Bei jeder Heiligen Kommunion erhält der Gläubige eine Hostie, den in der Heiligen Messe ›gewandelten Leib Christi‹. Wir sehen, auch im Christentum steht die Todesdimension im Zentrum.

Die Meditation der Buddhisten

Siddhartha Gautama, dessen Hauptanliegen es war, dem Leid der Menschen ein Ende zu bereiten, führte als Kernpunkt des Buddhismus die Meditation ein, den Zugang zur Höheren Dimension. Hier konnte der Meditierende sich von seinem Karma befreien und auf diese Weise sogar vom Rad der Wiedergeburt lösen und das Nirwana erlangen, die Glückseligkeit.

Der buddhistische Mönch Ajahn Brahm beschreibt es so: Die »*Meditation ist der Prozess des Loslassens.*« (Brahm, S: 155), »*Wir lösen uns von den fünf Sinnen.*« (Brahm, S: 165), »*Wenn die fünf Sinne und der Körper verschwunden sind, erscheint [...] so etwas wie ein Licht im Geist [...] ein Spiegelbild eures Geistes [...] das Glück des von der Welt entbundenen Geistes.*« (Brahm, S: 166) und »*Wenn ihr in diesem Stadium mit dem Licht verschmelzen könnt, habt ihr das, was im Theravada-Buddhismus Jhana genannt wird, die erste echte Erfahrung von Nicht-Dualität, eine Erfahrung von Glückseligkeit. Es ist das Glück des Loslassens.*« (Brahm, Moment S: 167).

Paramahansa Yogananda schreibt: »*Eure wahre Persönlichkeit beginnt sich zu entfalten, wenn ihr durch eure eigene tiefe Intuition fühlt, dass ihr nicht dieser feste Körper, son-*

dern der göttliche, ewig währende Strom von Leben und
Bewusstsein seid, der durch den Körper fließt. Aus dieser
Erkenntnis heraus konnte Jesus auf dem Wasser wandeln. Er
hatte erkannt, dass alles nur aus Gottes Bewusstsein besteht.
Wenn ihr die Augen schließt und die Unendlichkeit eurer
Seele fühlt, und wenn ihr an diesem Bewusstsein festhaltet,
werdet ihr die Persönlichkeit entwickeln, die Gott euch zu-
gedacht hat. Ich bin unendlich. Ich bin ein Teil des Ganzen.
Wenn sich euer ganzes Wesen vergeistigt hat, könnt ihr jede
beliebige Persönlichkeit annehmen. Der Geist kennt keine
Grenzen.« (Paramahansa-2, S: 180).

Er sagt damit: *»In der Kraft des Geistes liegt unerschöpfliche*
göttliche Energie; das ist die Kraft, mit der ihr euren Körper
auffüllen wollt. Es gibt eine Methode, sie anzuziehen: indem
ihr euch während der Meditation mit Gott vereinigt. Wenn
sich Gottes schöpferische Urkraft über euch ergießt, erfolgt
die Heilung augenblicklich.« (Paramahansa-2, S: 105) und
»Wenn ihr innerlich mit Gott in Verbindung seid, werdet ihr
feststellen, dass sich alle eure Wünsche auf geheimnisvolle
Weise erfüllen.« (Paramahansa-2, S: 155).

Die Trance der Schamanen

Viele Schamanen versetzen sich zuerst einmal selbst in
Trance. Von dieser Ebene aus suchen sie den Zugang zur
Seele des zu Heilenden und versuchen dann auf unter-
schiedlichste Weise, ihn *»aus der Fixierung seiner Denk-*
muster zu lösen.« (Kuby, S: 234). Dabei überfordern oder
schocken sie den Patienten gerne absichtlich so, dass ihm
möglichst Hören und Sehen vergeht, damit er auf eine ›un-

bekannte‹ Bewusstseinsebene geworfen wird, in die Höhere Dimension. Sie erreichen das am besten, wenn sie ihm einen überwältigenden Schmerz zufügen oder ihm eine ekelerregende, bittere Brühe zu trinken geben oder ihm plötzlich ›sein eigenes‹ dunkelrotes Blut zeigen, das angeblich ›aus seinem‹ Körper kommt. Auf diese Weise soll der Patient sich dann an seine ihm innewohnende Fähigkeit der Selbstheilung erinnern.

Die Todesdimension der alten Kulturen

Ein ähnliches Prinzip, nur viel brutaler, praktizierten die Priester der alten Kulturen. Sie opferten ihren Göttern Tiere, in der Frühzeit sogar Menschen. Stellen Sie sich vor, was für ein grauenvolles, beindruckendes Spektakel es war, wenn so viele Tiere auf einmal geschächtet wurden oder – der Alptraum – ein Mensch getötet wurde. Unmengen von Blut floss aus den Kehlen der Opfertiere und alle grölten, blökten und schrien durcheinander. Da es ein ›sakrales‹ Fest war, torpedierte diese gewaltig aufgewühlte Szenerie mit Sicherheit alle Beteiligten in eine Höhere Dimension.

Die Wunder-Werkstatt
Eine kleine Vorschau, was Sie in der ›Praxis‹ erwartet

Ebenso wie den Schlaf kann man auch ein Wunder niemals erzwingen. Beim Schlaf helfen wir ganz gerne mit Schäfchen zählen, warme Honig-Milch trinken oder was immer nach – und es gelingt ja meistens ganz gut. Um aber die Erfüllung Ihres Wunsches oder sogar das sensationelle Erlebnis eines Wunders zu erfahren, sollten Sie jetzt schleunigst damit anfangen, auch kräftig nachzuhelfen.

Stellen Sie sich einfach einmal vor, Sie hätten jetzt Ihre eigene kreative Wunder-Werkstatt in der Höheren Dimension. Zunächst sollte es Ihnen gelingen, sich in diese Höhere Dimension zu erheben. Es gibt zwar Naturtalente, die das intuitiv schaffen. Sie schweben dorthin – wie ferngesteuert – und verzaubern die Welt mit ihren steilen Karrieren, mit ihren Millionengewinnen oder mit ihren sonstigen gigantischen Erfolgen. Die Mehrheit der Menschheit muss das jedoch erst einmal lernen. Wir müssen verstehen, wie es geht und warum es so geht, und dann müssen wir üben. Auch Sie können es schaffen, bleiben Sie dran, es macht Spaß – s. ›Praxis, Schritt 1‹

Dann sollten Sie als nächstes ein Drehbuch mit dem Titel ›Meine Wunscherfüllung‹ schreiben, in dem Sie als strahlender Hauptdarsteller den erfüllten Wunsch bereits genießen – s. ›Praxis, Schritt 2‹.

Den Text dieses Drehbuchs sollten Sie 1. auswendig lernen und 2. mit wunderbarer Musik im Hintergrund aufs Smartphone sprechen – s. ›Praxis, Schritt 3‹.

Nun verbinden Sie alles: Sie begeben sich in die Höhere Dimension, sagen ›dort‹ Ihren Text auf oder hören ihn vom Smartphone und erleben dabei Ihr ›Kopfvideo‹ als ›Ihre neue Realität‹. Sie jubeln und strahlen, Sie heben ab voller Begeisterung, Freude und Dankbarkeit – Ihr Wunsch ist ja ›schon erfüllt‹ – was gibt es Schöneres? s. ›Praxis, Schritt 5‹.

Während der ganzen Zeit öffnen Sie alle Sinne und warten auf eine Inspiration auf die Frage: »Was soll ich noch tun?« s. ›Praxis, Schritt 4‹.

Jetzt brauchen Sie nur noch Ausdauer. Sie wiederholen das Ganze so oft es nur geht und zweifeln nie wieder am Erfolg.

Unserer heimlicher, mächtiger ›Feind‹

Halt, einen haben wir noch vergessen: den Klassiker, den ›Feind‹, diesen ›Wolf im Schafsfell‹, unseren Verstand. Er ist das eine Hindernis, die eine wild entschlossene Kraft, die alles blockiert, sobald wir versuchen, per Gebet oder Meditation in die Höhere Dimension zu gelangen.

Welche Rolle spielt dieser Verstand eigentlich? Darf ich es überspitzt formulieren? War er damals im Paradies die raffinierte, verführerische Schlange (Satan?), die Eva – wortgewaltig – überredet hat, den verbotenen Apfel der Erkenntnis zu essen? Eva wurde in Schimpf und Schande verjagt, und die Menschheit wartet bis heute auf die Erkenntnis.

Ist der Verstand mit Eva zusammen zur Erde gekommen? Hat er sich hier seine absolute Machtposition aufgebaut? Für uns Menschen ist er unentbehrlich, ein geradezu unverzichtbarer Lebensbegleiter geworden. Nur durch ihn können wir rechnen, schreiben, lesen und forschen, am Computer arbeiten, Hochhäuser bauen und Raketen auf den Mond schießen. Ohne ihn könnten wir niemals so hochentwickelt leben, ohne ihn könnten wir eigentlich fast gar nichts vollbringen. Die Menschheit steht unter seinem Bann.

Nun haben wir aber erkannt, dass wir zurück ins Paradies, in die Höhere Dimension möchten. Nur dort werden unsere Wünsche erfüllt, nur dort dürfen wir sogar Wunder erleben. Wir müssen uns endlich vom Verstand emanzipieren, wir müssen uns unabhängig von ihm machen.

Das ist der Moment, in dem er radikal eingreift. Er wirft sich postwendend mit aller Kraft und voller Kreativität dazwischen. Schon kurz nach Meditations-Beginn oder mitten im Gebet fällt uns ganz plötzlich etwas sehr Lustiges ein, etwas Ärgerliches oder irgendetwas absolut Wichtiges. Er lenkt uns so raffiniert ab, so dass wir es gar nicht merken. Unsere Wunder-Ideen belächelt er spöttisch oder er kanzelt sie sofort mit überzeugenden Argumenten ab. Er verhöhnt uns: »Sei doch nicht peinlich, hast du eigentlich Karl Popper gelesen oder hast du ihn nicht verstanden?« Dann schämen wir uns immer ein bisschen … Es ist wie verhext, der Verstand bewacht alle Zugänge zum Paradies wie ein beinharter, gnadenloser Türsteher. Probieren Sie es aus – man könnte verzweifeln.

Wie aber schaffen wir es, nicht mehr zu denken? Wie können wir ihn austricksen, ihn überlisten? Zum Glück gibt es einen Trick, ein sensationelles Phänomen – die Rettung: Unser Verstand ist schachmatt, sobald wir mehrere Sinne gleichzeitig wahrnehmen. Wenn wir also gleichzeitig sehen, hören, riechen und fühlen oder schmecken, also mindestens drei oder vier Sinne intensiv und gleichzeitig beschäftigen, ist er geliefert, ist er restlos überfordert. Dann geht nichts mehr, er kann nicht mehr denken und schon gar nicht mehr stören – und der Zugang zur Höheren Dimension ist frei.

Teil 2: Der blitzschnelle Weg zur Praxis

Für die Eiligen, die schnell ›zur Sache‹ kommen möchten.

Haben Sie »Teil 1« geschafft? Herzlichen Glückwunsch – dann können Sie »Teil 2« überspringen und direkt mit der **Praxis (Teil 3)** beginnen.

Hier in »Teil 2«, in diesem Schnelldurchgang für Eilige, fasse ich das Wichtigste von »Teil 1« kurz zusammen. Vielleicht erscheint es Ihnen etwas wirr, abgehoben, nicht nachvollziehbar oder gar verrückt? Das macht nichts. Sie müssen jetzt nicht alles verstehen. Es ist nur wichtig, dass Sie schon einmal die Stichworte hören. Ein Trost: Sie sind schnell ›durch‹.

Fangen Sie danach gleich mit der Praxis an. Es lohnt sich tatsächlich.

Seit jeher rätselt die Menschheit darüber, wie unsere Welt wohl tickt. Besonders in Krisenzeiten hoffen und bangen und leiden wir; dann beten wir und meditieren; wir pilgern, legen Karten oder gehen zur Wahrsagerin. Wir lassen uns alles Mögliche und Unmögliche einfallen, um endlich grundlegenden Einfluss auf die Geschehnisse in unserem Leben nehmen zu können. Leider gelingt es nur selten.

Was ist das Geheimnis? Wie erfüllen sich unsere Wünsche? Wie geschehen Wunder? Einen Geniestreich auf dem Weg des Verstehens, wie unsere Welt tatsächlich funktioniert, bieten uns die Erkenntnisse der Wissenschaft ab 1900. Quantenphysiker wie Max Planck, Albert Einstein, Werner Heisenberg und Erwin Schrödinger konnten uns endlich die Augen öffnen.

Einige Punkte – ganz kurz gefasst: Es gibt keine Materie an sich, daher ist immer alles möglich. Der Zufall spielt eine Rolle, der Beobachter entscheidet das Ergebnis. Eine von uns herbeigewünschte elementare Veränderung unserer Lebenssituation ist nur in der Höheren Dimension möglich. Der Verstand blockiert uns diesen Zugang, deshalb müssen wir ihn austricksen.

Ich wiederhole hier die in »Teil 1« beschriebene Definition der ›Höheren Dimension‹: »Sie übersteigt alles, was wir uns vorstellen können. Sie hat viele Namen, wie Himmel (im religiösen Sinne ist dies der Ort des Überirdischen oder Göttlichen), Kosmos, Weltall, Allmacht, Energiebereich, Universum (im physikalischen Sinne ist das die Gesamtheit von Raum, Zeit und aller Materie und Energie darin). Sie ist der absolute Kraftort für alle und alles, sie ist Inspiration, Motor und Zuflucht für Christen, Buddhisten, Schamanen, Künstler, Philosophen, Wissenschaftler, Sportler, für alle. Sie ist ein grenzenloses Potential. Hier können die Probleme gelöst werden, hier können Wunder entstehen und geschehen. Alle Wissenden nutzen sie ganz bewusst.«

Alles, was wir hier in unserem Leben sehen und anfassen können, ist nur eine Momentaufnahme für unsere Sinne. In Wirklichkeit existiert nichts Bleibendes. Alle Gegenstände, Tiere, Pflanzen, Berge – ja alles – erhalten ihre Form und Festigkeit nur durch die so blitzschnell herumschwingenden Atome. Unsere ganze Welt ist eine Illusion, sie verändert sich ununterbrochen, sie ist nicht zu greifen und jeder erlebt sie auf seine eigene Weise, aus seiner ganz persönlichen Sicht.

Auch wir Menschen sind im Grunde genommen ›nichts‹, wir bestehen zum allergrößten Teil aus Energie, die sich ständig wandelt. Wie im »Exkurs: Wer bin ich?« schon beschrieben, ist das, was uns als individuelle Persönlichkeiten ausmacht, unser einzigartiges, spezifisches Bewusstsein, unser Geist, unsere Seele – wir können es so oder so nennen – das jedem von uns für immer anhaftet, über unseren Tod hinaus.

Da nichts festgefügt ist, da sich alles ununterbrochen wandelt, kann dementsprechend auch alles ständig neu entstehen. Die Buddhisten Alexandra David-Neel und der Dalai Lama beschreiben es so: »*Es gibt keine sich bewegenden Objekte, die Objekte bestehen aus Bewegung*« (David-Neel, S: 23) und »*Gerade dieses Fehlen einer Eigenexistenz, diese Leerheit, ermöglicht den Dingen also ihr Wirken – nur deshalb können sie hervorgebracht werden oder selbst etwas hervorbringen.*« (Zitat von Nagarjuna, 2. Jahrhundert in: Dalai Lama, S: 122).

Auch die Zeit existiert für uns nur, damit wir die Welt ›erleben‹ können. In Wahrheit findet alles gleichzeitig statt: »*Der*

Ursprung der Dinge ist weder an einem Ort noch zu einer Zeit, sondern JETZT, in jedem Moment, in unserem Geist. Alle Dinge, ALLES ist eine Illusion.« (David-Neel, S: 23).

Der Buddhist Paramahansa Yogananda bringt dazu noch den Willen ins Spiel: *»Wenn mein Wille vom göttlichen Willen aufgeladen wird, dann wird er sein Ziel erreichen. Man muss die Gedanken auf einen edlen Wunsch richten, bis Geist und Gedanken völlig in dieser Vorstellung aufgehen. Dann wird der Wille göttlich, das heißt allwissend und allmächtig.«* (Paramahansa-2, S: 47).

In der Bibel steht, dass wir das, was wir haben möchten, schon jetzt haben müssen, damit wir es später bekommen. (*»Denn wer da hat, dem wird gegeben, dass er die Fülle habe. Wer aber nicht hat, dem wird auch das genommen, was er hat.«* Matthäus 13, 11 – 12) Dieses Paradoxon lässt sich nur in der Höheren Dimension verstehen und praktizieren (in der Gebetsebene, in der Meditation, in Trance). Sobald wir in dieser Ebene eins mit Gott sind (*»Ich bin der Weinstock, ihr seid die Reben. Wer in mir bleibt und ich in ihm, der bringt viel Frucht; denn ohne mich könnt ihr nichts tun.«* Johannes 15, 5), können wir aus dieser Göttlichkeit heraus unser Leben mitbestimmen.

Eine große Schwierigkeit bereitet uns der Aufstieg in die Höhere Dimension. In ›Teil 1‹ haben wir den raffinierten Spielverderber enttarnt: unseren Verstand. Er legt sich auf Teufel komm raus mit vollem Engagement quer, er verhindert sehr erfolgreich jeglichen Zugang nach oben. In »Teil 3« werden wir eine überraschend simple Methode anwenden, mit der wir den Verstand austricksen können, um uns in diese Sphären zu erheben.

Jetzt kommen wir zum Knackpunkt, zur Kernfrage dieses Buches: »Welche geheimen Kräfte sind am Werk, was müssen wir tun, um eine Wunscherfüllung oder gar ein Wunder erleben zu dürfen?« Die Antwort lautet: »Wir müssen in der Höheren Dimension einen präzisen Impuls setzen – dann ist nichts mehr unmöglich.« Wie aber sieht dieser aus?

Bei den informationstechnischen Geräten, wie z.B. den Computern, ist der Impuls ein Binärcode von Einsen und Nullen, der alle Veränderungen herbeiführt. Bei uns Menschen ist es jedoch etwas komplexer. Unser Impuls besteht aus mehreren Komponenten, die gleichzeitig wirken müssen: Zum einen ist es die Sprache der Bilder. Wir sollten uns – in der Höheren Dimension – immer wieder die wunderbarsten Bilder des schon erfüllten Wunsches vor unserem inneren Auge ansehen – im unumstößlichen Wissen, in der absoluten Überzeugung, dass unser Wunsch schon jetzt erfüllt ist. Noch wirksamer sind Bilderfolgen, d.h. selbstgedrehte Kopfvideos der Erfüllung (s. ›Teil 3 – Praxis‹), die wir uns, so oft es nur geht, vor unserem geistigen Auge abspulen.

Dazu kommt, gleichzeitig, die Sprache der Gefühle. Wir sollten unsere Kopfvideos mit den lebhaftesten Emotionen genießen: mit Gefühlen der Freude, des Glücks und der Dankbarkeit für die schon erhaltene Erfüllung. Wir jubeln und tanzen dann voller Begeisterung – imaginär oder tatsächlich.

Dies alles muss, als dritte Komponente des Impulses, vom ›unbedingten Willen zur Vollendung‹ durchdrungen sein. Wir sollten, sooft es nur geht, mit Leidenschaft agieren, dranbleiben, einfach alles geben – bis die Erfüllung in unserer Welt in Erscheinung tritt.

Das vierte, kreative Element des Impulses sieht so aus: Indem wir fest und ohne jeden Zweifel an die Erfüllung unseres Wunsches glauben, sollten wir dabei ständig unser Innerstes befragen: »Was muss ich jetzt noch tun?« Währenddessen horchen wir erwartungsvoll in uns hinein, bis eine Antwort aufleuchtet (eine plötzliche geniale Idee oder ein Satz, den wir vielleicht gerade in der Zeitung lesen oder den ein Freund sagt). Dann reagieren wir sofort und führen es aus.

Dieser ›Vierfach-Impuls‹ zur Wunscherfüllung (s. auch ›Teil 3 – Praxis‹) wirkt nur in der Höheren Dimension. Seien Sie vorsichtig, erzählen Sie Ihren Freunden vorerst einmal nichts von Ihrem Vorhaben. Wenn Sie nämlich sagen: »Ich habe eine sensationelle Methode gefunden, wie meine Wünsche in Erfüllung gehen: Ich danke im Voraus dafür und juble und tanze vor Freude.«, dann landen Sie vielleicht in der Klapsmühle. Auf alle Fälle behandeln Ihre Freunde Sie von da an voller Mitleid und Arroganz, oder Sie werden einfach ausgelacht. Erzählen Sie erst davon, wenn es geklappt hat.

Für Ihr Selbstbewusstsein: Die Christen, die Buddhisten, die Schamanen und viele mehr vollbringen alle ihre Wunder in der Höheren Dimension. Sie sind also mit dieser Methode in allerbester Gesellschaft: Ich verrate Ihnen eines: Sobald Sie einmal erlebt haben, wie Ihr Wunsch auf diese geradezu unglaubliche, faszinierende Weise in Erfüllung gegangen ist, werden Sie nie wieder anders leben wollen.

Lassen Sie uns jetzt schleunigst handeln – wir wollen ab heute mitbestimmen und nicht mehr länger ein machtloser Spielball des Schicksals sein. Sobald wir in der Höheren Dimension die richtigen Impulse gesetzt haben, kann sich unser Leben zum absoluten Traum-Leben wandeln. Da Impulse keine Masse haben, werden sie unendlich schnell übernommen und können sofort Wirkung zeigen.

Teil 3: Zur Sache: zur Praxis

Es ist so weit, wir sind jetzt reif für die Praxis.

Vielleicht machen Sie sich vorher noch einmal kurz bewusst, wie es Ihnen persönlich gerade geht. Haben Sie ein aktuelles Problem oder einen großen, unerfüllten Wunsch? Möchten Sie etwas in Ihrem Leben verändern?

Falls Sie ein Problem haben: Könnte es passiert sein, dass Sie es selbst unterbewusst herbeigeführt haben? Welche Gedanken und welche Gefühle hatten bzw. haben Sie, wenn Sie daran dachten bzw. daran denken? Erkennen Sie einen Zusammenhang?

Der berühmte Satz: «Das, worauf ich meine Aufmerksamkeit richte, wächst, blüht und gedeiht.«, führt uns in die richtige Spur. Vielleicht fällt es Ihnen wie Schuppen von den Augen? Kann es sein, dass Sie sich immer wieder stark über etwas geärgert haben – und jetzt ernten Sie die › faulen Früchte‹, das Problem?

Noch schlimmer wäre Selbstmitleid. Sobald Sie nämlich voller Schmerz und Traurigkeit immer wieder – und wieder – gefühlt haben, »dass immer alle gegen Sie sind« oder »dass jede tolle Beziehung aussichtslos im Chaos endet« oder »dass einfach nie irgendetwas klappt« , dann haben Sie mit starker emotionaler Kraft verursacht, dass genau das geschieht. Sie haben damit zementiert, dass es so bleiben wird oder dass es sogar noch viel schlimmer kommt. Verstehen Sie, worum es geht? Wenn Sie dann noch voller Verzweiflung in sich hineinhorchen: »Warum mache ich nur immer alles falsch?« – dann haben Sie (für's Erste) verloren.

Wenn Sie einen unerfüllten Wunsch haben: Haben Sie ›ausgiebig von dem geträumt‹, was Sie sich wünschen – haben Sie der Erfüllung des Wunsches genug Aufmerksamkeit geschenkt?

Bringen Sie – in diesem Wissen – ab jetzt Glück und Freude in Ihr Leben: Ärgern ist ab heute verboten! Lösen Sie das Problem so gut es geht und dann: Konzentrieren Sie sich auf das, was Sie erreichen möchten – fokussieren Sie die Erfüllung Ihres Wunsches – steigen Sie ein in die ›Praxis‹.

Die Quantenphysik hat uns erklärt, was die Weltreligionen schon seit langem intuitiv erkannt und offenbart haben, dass nämlich Wunder möglich sind und immer wieder einmal geschehen. Da es keine Materie gibt und wir sozusagen ins Leere greifen – kann alles entstehen und vergehen – ist immer alles möglich. So wie beim ›Quantensprung‹ ein Elektron von einer Energieebene zur anderen springt, ohne jemals im Raum dazwischen gewesen zu sein, so können auch in unserer Welt Dinge passieren (Wünsche in Erfüllung gehen, Wunder geschehen), die uns absolut unerklärlich erscheinen. Allerdings wissen wir auch, dass es ausschließlich in der Höheren Dimension stattfindet.

Wir haben erfahren, auf welche Weise die verschiedenen Religionen sich dorthin Zutritt verschaffen. (»Teil 1«: Gebet, Meditation, Trance etc.). Wir haben zudem den ausgekochten Frechdachs, unseren Verstand, kennen gelernt, der partout alles inszeniert, um uns jegliche Wunscherfüllung, jegliches Wunder zu vermiesen.

Nun machen wir uns also ans Werk. Ich werde Ihnen eine Technik vorstellen, wie Sie auf spielerische, sehr einfache Weise den Verstand überrumpeln und ins Zentrum der Allmacht, in die Höhere Dimension, vordringen können: das ›Fokussier – Abheben‹.

Und dann, im Wissen von allem, können Sie fröhlich in die Wunder-Welt spazieren.

Fünf Schritte zur Wunscherfüllung/ zum Wunder

Erster Schritt: Sie üben ›Fokussieren‹, das Abheben in die Höhere Dimension – *an dieser Methode arbeiten Sie ständig. Plötzlich fällt Ihnen ein, wie es besser wäre – dann ändern Sie es – immer wieder...*

Der hier vorgestellte erste Schritt, unser sogenanntes ›Fokussier-Abheben‹, zeigt Ihnen einen kinderleichten, geradezu mühelosen Zugang zur Höheren Dimension. Üben Sie dieses Abheben für den ›Fünften Schritt – Die Meditation‹.

Übung: Fokussier-Abheben

Setzen oder legen Sie sich bequem an einen ruhigen Platz und schließen Sie die Augen. Drücken Sie nun den rechten Daumennagel sanft (mal stärker, mal schwächer) abwechselnd in eine der rechten Fingerkuppen und **fühlen** Sie. Gleichzeitig kreisen Sie mit der linken Daumenkuppe abwechselnd über die Fingerkuppen der linken Hand und **fühlen** Sie. Gleichzeitig lecken Sie mit der Zunge mal die oberen Zähne, mal die unteren, mal den Gaumen, mal die Lippen und **fühlen** Sie. Alles gleichzeitig. Spätestens jetzt ist der Verstand ausgetrickst, er kann nicht mehr denken.

Geben Sie ihm die Aufgabe: »Rechne 144 geteilt durch 4.«
Das ist rundweg unmöglich.

Probieren Sie es jetzt sofort einmal aus – machen Sie mit!

Variante zum ›Fokussieren‹:

Sie können zum Fokussieren auch einen Papierschnipsel
in der einen Hand zerknüllen und mit einer Münze, einer
Büroklammer oder mit irgendetwas in der anderen Hand
spielen. Die Hauptsache ist, Sie **fühlen** vieles ganz intensiv
gleichzeitig. Machen Sie alles, was Ihnen Spaß macht, die
Hauptsache ist, dass es sich richtig verwirrend anfühlt, so,
dass der Verstand kapituliert.

Zweiter Schritt: Sie formulieren einen Text für die Wunscherfüllung – *an diesem Text arbeiten Sie ständig! Plötzlich
fällt Ihnen ein, wie es besser wäre – dann ändern Sie es –
immer wieder...*

Da Sie ja etwas erreichen wollen (wenn möglich, sollte es
eine Wunscherfüllung oder sogar ein Wunder sein), kommen wir zur Sache: Formulieren Sie jetzt Ihren Text schrift-
lich.

Wie sollte die Erfüllung Ihres größten Wunsches aussehen?

Schreiben Sie das Drehbuch für Ihr ›Kopfvideo der genialen
Wunscherfüllung‹. Formulieren Sie ganz präzise, Ergeb-
nis-fokussiert, mit vielen Details. Formulieren Sie in jedem
Fall nur positiv! Sobald Sie sich sehnsüchtig ›keine Krank-

heit‹ oder ›keinen Streit‹ wünschen, dann werden Sie krank und streiten sich demnächst – das Unterbewusstsein kennt keine Verneinung.

Lassen Sie Ihrer Phantasie freien Lauf – der Film muss wunderschön werden. Vergessen Sie nicht: Sie sehnen sich nach dem Gefühl, es schon zu haben. Also: Sie haben es schon – Triumph! Fühlen Sie es schon beim Schreiben und dann die ganze Zeit. Erleben Sie es später während der Meditation – und immer wieder, sobald Sie daran denken.

Notieren Sie Ihre Ziele auf Karteikarten:

Körper: Gesundheit/ Wunschfigur/ Fitness/ Schönheit … etc. Liebe: Große Liebe des Lebens/ Super-Ehe/ Super-Kinder/ romantische Ausflüge/ Komplimente/ Küsse … etc. Erfolg: Freude bei der Arbeit/ Anerkennung/ Aufstieg/ Gehaltserhöhung … etc. Geld: xy Euro auf dem Konto/ Super-Haus/ Super-Auto/ Super-Party … etc Prüfung/ Wettbewerb: bestanden/ gute Note/ Urkunde/ Sieger-Pokal/ Feier … etc.

Formulieren Sie alle Wünsche auf Karteikarten aus der ›Ich‹-Perspektive *Ich habe schon jetzt …/ Ich bin schon jetzt …),* schreiben Sie es voller Begeisterung und voller starker Emotionen auf, wie z.B.:

Ich freue mich von ganzem Herzen, dass … … *Ich fühle es jetzt – es fühlt sich so unglaublich wunderbar an! Ich bin so unendlich dankbar, dass … … *Ich fühle es jetzt – es *fühlt sich so phantastisch schön an!* Ich bin überglücklich, dass … … *Ich fühle es jetzt – es fühlt sich so sensationell großartig an!* Ich kann es gar nicht fassen, dass … … *Ich fühle es jetzt – es fühlt sich so überwältigend beglückend an!* Mein Herz hüpft vor Freude, dass … … *Ich fühle es jetzt – es fühlt sich so himmlisch wundervoll an!* Es ist so cool, dass … … *Ich fühle es jetzt – es fühlt sich so überirdisch genial an!*

Bringen Sie alle Sinne in den Text:

Ich fühle …/ Ich höre …/ Ich sehe … / Ich rieche …/ Ich schmecke … Schreiben Sie es so ›magisch spürbar‹, dass Sie schon beim Schreiben ausflippen vor Freude.

Und nun formulieren Sie das Drehbuch für Ihr Kopfvideo.

Sie haben nun Ihre ganz persönliche Stoffsammlung vor sich liegen und könnten sich jetzt einen ›wunderschönen Tag‹ erträumen. Schreiben Sie ihn einfach einmal auf. Wie wäre es so richtig genial? Wie sieht Ihr traumhaft wunderbarster Glückstag aus? Schreiben Sie alles, lassen Sie es raus, keiner sieht es – und später können Sie alles immer wieder ändern.

Ein Beispiel (nur ein ›Skelett‹ für das erste Drehbuch – Ihre Version wird viel besser):

Ich wache voller Freude auf .. (habe super geschlafen und etwas Spannendes vor – ich kann es kaum erwarten … + Gefühle) Neben mir strahlt mich xy an … (meine große

Liebe – er/ sie sagt jetzt … + Gefühle) Ich springe topfit und gesund aus dem Bett … (habe mein Idealgewicht, mache gleich etwas Sport und … + Gefühle) Dann frühstücke ich gemütlich … (gesundes Obst, eine knackige Brezel … + Gefühle) Vor dem Ausgehen schaue ich kurz in den Spiegel … (coole Klamotten, gute Frisur, gute Haut, super Figur, alles gut … + Gefühle) Nun gehe ich zur Arbeit … (macht riesen Spaß, spannende Aufgaben, sympathische Kollegen, toller Chef, viel Lob, Gehaltserhöhung … + Gefühle) … etc. Schreiben Sie es so, wie es Ihnen gefällt – Sie können es viel besser.

Da ich aus dem europäischen, christlichen Kulturkreis komme, bedanke ich mich bei ›Gott‹ für alles. Danken ist sehr wichtig – aber jeder kann selbst entscheiden, wem er dankt und wie er dankt.

Es ist so egal, wie Ihre Welt momentan aussieht. Konzentrieren Sie sich auf Ihre Wunscherfüllung. Schreiben Sie Ihren Text so, dass er die Erfüllung Ihres Wunsches, Ihre neue Realität, überschwänglich feiert. Es ist auch egal, was Ihr Verstand jetzt dazu sagt. Er wird Sie auslachen, er wird fiese Bemerkungen machen, er wird vielleicht auf raffinierteste Weise alles tun, um Sie wieder abzulenken. Machen Sie weiter. Später, in Ihrer Meditation, hat er nichts mehr zu melden.

Ein wichtiger Punkt: Sagen Sie zu jeder neuen von Ihnen gewünschten Realität: »Wenn es sein darf« oder: »Wenn es gut ist.« Wir stecken oft tief in einem Problem oder in einer Situation und wünschen uns etwas, was vielleicht gar nicht so gut für uns ist. Rückblickend erkennen Sie dann, warum es viel besser war, dass dieser Wunsch nicht erfüllt wurde.

Achten Sie auch darauf, dass Ihr Wunsch keinem anderen schadet und sich auch nicht in das Leben anderer einmischt.

Und noch eins: Der Buddhist Lama Ole Nydahl sagt: »Störgefühle leben von der Bestätigung, die ihnen geschenkt wird.« (Lama Ole Nydahl, S: 82). Bringen Sie das, was Sie stört, so schnell es geht und so gut wie möglich in Ordnung – und dann vergessen Sie es. Wehe, Sie ärgern sich! Fokussieren Sie Ihre Aufmerksamkeit viel lieber auf Ihre neue Wunsch-Realität, fühlen Sie mit allen Sinnen, wie mit einem Brennglas, Ihre Begeisterung über den ›schon erfüllten Wunsch‹. Dann wird diese neue Realität zu Ihrer inneren Wirklichkeit, völlig unabhängig von den äußeren Umständen.

Das Ziel Ihrer Sehnsucht ist das Gefühl, ›es schon zu haben/ es schon zu sein‹ – also fühlen Sie genau das schon hier und jetzt – voller Eifer und voller Passion. Wenn Sie es ›schon haben‹, dann kommt es zu Ihnen, denn das ›Gesetz der Resonanz‹ besagt: »Gleiches zieht Gleiches an«. Also formulieren Sie Ihren Text in diesem Sinne.

Und jetzt: Lernen Sie Ihren Text auswendig – so gut es geht.

Dritter Schritt: Sprechen Sie Ihren Text aufs Smartphone

Stellen Sie eine (instrumentale Lieblings-) Musik an. Gehen Sie beim Smartphone auf »Aufnahme« (z.B. beim iphone:

Tippen Sie auf ›Sprachmemos‹, dann auf »Aufnahme« – roter Punkt). Nun sprechen Sie Ihren Text zur Musik. Zum Schluss speichern Sie es. Ich schicke mir den Text danach zur Sicherung als WhatsApp.

Vierter Schritt: Die Inspiration und die Gedankenlücke

Ein kreatives, schöpferisches Element fehlt noch: die Inspiration.

Sobald Sie in der Höheren Dimension schweben und sich Ihr selbstgedrehtes Kopfvideo der wunderbaren Wunscherfüllung verinnerlichen, sollten Sie unterbewusst – ununterbrochen – um einen Einfall, eine Inspiration bitten: »Was soll ich konkret tun, damit die Erfüllung möglichst schnell in meinem Leben hier und jetzt in dieser Welt in Erscheinung tritt?« Sie horchen dabei – hellwach und voller Aufmerksamkeit – in sich hinein. Dabei genießen Sie das ›Wissen‹, dass Ihr Wunsch sich ja schon erfüllt hat.

Während des intensiven ›In-sich-Horchens‹ entsteht im Idealfall eine Gedankenlücke. Wenn Sie es schaffen, in diese Lücke den ›Impuls des erfüllten Wunsches‹ zu setzen, kann das Wunder spontan in Erscheinung treten. Es kann aber auch eine Weile dauern. Irgendwann, vielleicht auch erst nach ein paar Tagen oder Wochen, blitzt dann ganz plötzlich ein Gedanke, eine zündende Idee in Ihnen auf: »Das musst du jetzt unbedingt tun.« Und das tun Sie dann.

Sobald Sie einmal erlebt haben, wie Ihre Wünsche sich manifestiert haben – schon kleine Erfolge sind ein riesen Erlebnis – werden Sie nie wieder aufhören wollen, in diesem Bewusstsein zu leben.

Fünfter Schritt: Die Meditation

Sie können die Meditation jetzt überall machen: auf einem Stuhl, im Bett oder in der Warteschlange eines Supermarkts. Die besten Erfolge feiern Sie eindeutig auf einem Spaziergang. Hier müssen Sie jedoch darauf achten, dass Sie nicht vor lauter Begeisterung gegen die nächste Laterne laufen oder in einen Gulli plumpsen.

Stecken Sie die Ohrstöpsel ins Ohr oder setzen Sie die Kopfhörer auf und hören Sie voll konzentriert Ihr geniales, selbst gedrehtes Kopfvideo des erfüllten Wunsches. Heben Sie dabei per ›Fokussier- Abheben‹ (s. ›Erster Schritt‹) in die Höhere Dimension ab. Erleben Sie dort voller Hingabe und Begeisterung die Erfüllung Ihres Wunsches.

Fühlen Sie die glückstrahlende Dankbarkeit für das ›schon Erhaltene‹ – im Supermarkt oder beim Spazierengehen geschieht das natürlich mit offenen Augen! Fokussieren Sie Ihre sensationelle, beglückende Wunscherfüllung, setzen Sie dafür die kraftvollsten Impulse. Vergessen Sie nie Ihren ›unbedingten Willen zur Vollendung‹, nie die Leidenschaft, es unbedingt ›jetzt schon zu haben‹ oder ›jetzt schon zu sein‹. Sie haben es schon – wow! Genießen Sie dieses Gefühl mit allen Sinnen. Bringen Sie Feuereifer ins Spiel, wiederholen Sie alles immer wieder, so oft es nur geht.

Bitten Sie währenddessen ständig um einen Einfall, um eine Inspiration: »Was soll ich noch tun, damit die Erfüllung möglichst schnell hier und jetzt in Erscheinung tritt?« Horchen Sie dabei hellwach, voller Aufmerksamkeit in sich hinein.

Es passiert immer wieder, dass Ihr Verstand sich meldet und wild schreit: »Spinnst du? Das stimmt doch gar nicht«. Aber das macht nichts, heben Sie einfach erneut ab. Genießen Sie das innere Wissen: »Mein Wunsch ist schon erfüllt. Wie schön – Danke.«

Meditation auf einem Spaziergang: Als Alternative zum Smartphone-Abhören können Sie den auswendig gelernten Text auch einfach nur lautlos aufsagen und dabei den Spaziergang mit allen Sinnen wahrnehmen. **Fühlen** Sie den warmen Sonnenschein auf Ihrer Haut oder den eiskalten Wind im Gesicht. **Lauschen** Sie zudem dem fröhlichen Gezwitscher der Vögel oder dem lauten Gebell zweier sich jagender Hunde. Gleichzeitig **beobachten** Sie eine ausgelassene Gruppe Fußball spielender Kinder und lassen Sie sich dazu noch vom süßen Duft eines Jasmin-Busches **berauschen**, an dem Sie gerade vorbei gehen.

Sobald Sie alles **ganz intensiv gleichzeitig** wahrnehmen, werden Sie erleben, wie Sie glücklich davonschweben … Je mehr verschiedene Gefühle es sind, desto losgelöster heben Sie ab.

Fühlen Sie bei allem voll fokussiert und total begeistert, wie unendlich genial, wie wunderbar stimmig, wie himmlisch herrlich sich die Erfüllung Ihres Wunsches anfühlt. Danken Sie dafür von Herzen und freuen Sie sich über Ihre neue Realität.

Verbessern Sie Ihren Text ständig, arbeiten Sie daran, lernen Sie ihn auswendig, sprechen Sie ihn immer wieder neu aufs Smartphone. Bleiben Sie dran, nehmen Sie den Spickzettel immer mit sich. Ganz plötzlich werden Sie spüren: »DAS muss ich jetzt tun«, dann tun Sie es.

Nutzen Sie jede Gelegenheit, die sich Ihnen bietet, ganz bewusst zum Fokussieren Ihres ›erfüllten Wunsches‹ – in der Höheren Dimension – im ›Eins-Sein mit Gott‹.

Wann immer und wo immer Sie abheben, richten Sie Ihre totale Aufmerksamkeit auf den schon erfüllten Wunsch, ›fokussieren‹ Sie Ihre neue Realität mit Leidenschaft, mit einem unbedingten, unbeirrbaren Willen. Genießen Sie mit Feuereifer die Bilder und Filme der Erfüllung. Achten Sie hellwach darauf, ob Sie neue Ideen und Inspirationen empfangen und setzen Sie diese dann schnell um. Freuen Sie sich schon jetzt – danken Sie schon jetzt – erwarten Sie nicht zu schnell zu viel, aber es geschehen manchmal unglaubliche Dinge.

Erzählen Sie vorerst niemandem von Ihrem ›Wunder‹-Vorhaben. Jeder, der ›denkt‹, lacht Sie aus. Fangen Sie einfach an. Denken Sie eher: »Denen werde ich es zeigen«, und machen Sie ›Kopfvideo‹, wie wunderbar es sich anfühlt, wenn alle staunen. Wichtig: Wenn Sie sich z.B. Geld wünschen, fühlen Sie sich jetzt schon reich – aber bitte geben Sie das

Geld erst aus, sobald es tatsächlich auf Ihrem Konto angekommen ist.

<u>Anmerkung</u>

Warum ist die Liebe (das Verliebtsein, die Sehnsucht, das Begehren, die Leidenschaft, die Eifersucht, der Liebesakt) so ein Mega-Thema in unserer Welt? Warum ist sie so unfassbar schön und dabei immer wieder so dramatisch, so erschütternd, manchmal weltbewegend – für Jung und Alt, für Arm und Reich?

Der Grund dafür ist, dass bei der Liebe ALLE unsere Sinne gleichzeitig, in allerhöchster Aufregung, geradezu in Ekstase, mit aller Kunst und aller Kraft um die Wette tanzen. Sie überschlagen sich, sie spielen total verrückt – und wir landen dabei automatisch mitten in der Höheren Dimension, dem Ort des Göttlichen. Dieser wird nicht ohne Grund als Elysium, Paradies, Nirwana, als ewige Seligkeit gepriesen. Das ist es, wonach wir uns alle sehnen.

Meditationen an speziellen Orten

Meditation in der Kirche

Angenommen, Sie wünschen sich in diesem Moment ganz dringend ein Wunder, wie würden Sie jetzt konkret, nach all diesen Erkenntnissen, vorgehen? Als erstes sollten Sie natürlich Ihren Text schreiben, ihn auswendig lernen und aufs Smartphone sprechen. Dann sollten Sie ihn auf vielen Spaziergängen immer wieder aufsagen oder abhören und dabei glückstrahlend dankbar Ihre neue wunderschöne Realität fokussieren und feiern.

Was machen Sie aber, wenn sich partout gar nichts tut? Wie wäre es mit dem ›Multiplikator‹ Religion? Gehen Sie doch einfach einmal in eine Kirche. Genießen Sie dort ganz bewusst die ›himmlisch herrliche‹ Stille oder die spirituelle Kraft eines Gottesdienstes. Bestaunen Sie die kunstvollen Bilder und Statuen am Altar und an den Wänden. Nehmen Sie die transzendente Atmosphäre im Raum wahr – vielleicht spüren Sie die Gegenwart Gottes? Erleben Sie alles mit allen Ihren Sinnen, lassen Sie es auf sich einwirken und sprechen Sie in Gedanken Ihren Text. Fokussieren Sie dann, eins mit Gott, Ihre Wunscherfüllung im Vertrauen auf die Erfüllung, freuen Sie sich und danken Sie. So könnten Sie Ihre Wunscherfüllung oder auch Ihr Wunder magnetisch anziehen.

Meditation beim Open-Air-Pop-Konzert

Auch hier nehmen Sie eine faszinierende Vielfalt an Sinneseindrücken wahr. Zuerst einmal konnten Sie es kaum erwarten, Ihre Super Band live zu erleben. Sie hatten viel Geld für das Ticket ausgegeben, mussten die Sicherheitsvorkehrungen über sich ergehen lassen – und jetzt endlich ist es so weit. Auf den Leinwänden verzaubern sensationelle, farbenprächtige Videos das Stadion, und dann kommen sie, Ihre Superstars. Chris Martin oder Lady Gaga betreten die Bühne, die Lautsprecher drehen auf volle Lautstärke und die Menge kreischt und schreit und tobt, und Sie toben mit und heben ab. Alle tanzen voller Begeisterung und jubeln, es ist ein gigantisches Spektakel. Erleben Sie es mit allen Sinnen, fokussieren Sie Ihre Wunscherfüllung im Vertrauen auf die Erfüllung, freuen Sie sich und danken Sie. Auch so könnten Sie Ihre Wunscherfüllung oder Ihr Wunder magnetisch anziehen.

Meditation im Konzert, in der Oper oder beim Fußballspiel

Im Konzert und in der Oper sind es das gewaltige, überwältigende Zusammenspiel des Orchesters und des Chores und die berauschenden Arien der Sänger, im Ballett sind es die begnadeten Tänzer, die uns überwältigen und den Atem anhalten lassen. Beim Fußballspiel reißen uns die athletischen, ballartistischen Fußball-Helden mit der nervenaufreibenden Spannung ums Tor regelrecht vom

Hocker. Wir heben ab, ohne es zu merken. Fokussieren Sie auch hier Ihre Wunscherfüllung. Ihr Wunder kann überall geschehen, wenn Sie es bewusst erbitten.

Meditation mit dem Licht

<u>So könnten Sie Ihren Text formulieren, wenn Sie gesund werden möchten</u>

»Ich stelle mir jetzt einmal vor, wie ein Scheinwerfer ein strahlend helles Licht über meinen ganzen Körper flutet. Ich ›weiß‹, dass diese Lichtstrahlen – so hell wie die Sonne – direkt vom Himmel kommen. Sie sind göttlich und besitzen eine geheimnisvolle, heilende Kraft. Ich spüre diese Kraft ganz deutlich, sie ist magnetisch und elektrisierend zugleich.

Das gleißende Licht strömt durch die Haut in meinen Körper und erfüllt ihn ganz, von oben bis unten, von vorne bis hinten. Ich spüre jetzt, wie dieses magische Licht alles durchdringt und alles heilt, jedes Organ, jeden Muskel, jede Zelle und ganz besonders jede Schwachstelle – ja jetzt.

Ich spüre dieses strahlende, magische, heilende Licht ganz stark, ich spüre die Wärme, die Heilung – es ist absolut wunderbar – ich genieße es total. Mein ganzer Körper, meine ganze Seele und alle meine Lebensumstände sind jetzt vollkommen heil – ich erlebe es glückstrahlend intensiv – voller Freude und voller Dankbarkeit – ich danke von ganzem Herzen.«

Lernen Sie den Text auswendig und sprechen Sie ihn auf Ihr Smartphone

Das Aufnehmen aufs Smartphone ist sinnvoll und dauert nicht lange. Sobald Sie nämlich in der Höheren Dimension sind, können Sie nicht mehr so klar denken – dann fällt Ihnen der auswendig gelernte Text manchmal nicht mehr lückenlos ein – zumindest nicht in der Anfangsphase. Wenn Sie ihn aber vom Smartphone abhören, können Sie voller Hingabe und Freude die Impulse setzen. Praktisch wäre, wenn Sie den Text gleich dreimal hintereinander auf sprechen, das vertieft die Wirkung.

Sprechen Sie oder hören Sie nun die Smartphone- Aufnahme und heben Sie ab – in die Höhere Dimension *per ›Fokussier-Abheben‹ (›Teil 3‹, Schritt 1)* Am besten machen Sie einen Spaziergang in der Sonne – da spüren Sie das ›gleißende Licht von oben‹ – mit etwas Phantasie ist es ›göttlich‹ und ›heilsam‹ und Sie können sich die Heilung mit allen Sinnen vorstellen.

Danach:

Sobald Sie fertig sind, kommt der entscheidende Moment: Obwohl Sie ja ›geheilt‹ sind, tut der Rücken vielleicht immer noch mörderisch weh – Hilfe! Erkennen Sie jetzt, dass Sie schon ›gesund‹ sind, auch wenn Sie es eigentlich noch gar nicht ›sind‹? Das ist das Geheimnis. Es dauert meistens eine Weile, bis das Ergebnis in unserer Welt sichtbar wird.

Ganz wichtig: **Fühlen Sie sich ab sofort total gesund –** obwohl Sie es noch nicht sind. Ihr Verstand jubelt dann höhnisch und sagt: »Siehst du, hab ich's doch gesagt, das alles hilft gar nicht.« Stellen Sie ›auf Durchzug, links rein, rechts raus‹ ... Sie wissen es besser.

Warnung: Zweifeln Sie nie wieder an der Erfüllung. Sobald Sie nämlich zweifeln – findet die Erfüllung nicht mehr statt, schon haben Sie sie weggezweifelt.

Hören Sie die Meditation daher immer wieder, so oft es nur geht, um Ihr Vertrauen in die neue Realität zu bestärken.

Bitten Sie unterbewusst ständig um eine Inspiration: ›Was soll ich noch tun?‹ Irgendwann – ganz plötzlich – fällt Ihnen ›spontan‹ etwas ein. Das tun Sie. Es ist unglaublich, was so alles passieren kann. Manchmal haben Sie Glück und der Wunsch ist ganz plötzlich erfüllt – Sie können sich dann gar nicht erklären, wie ›das so gelaufen‹ ist – aber auf einmal ist alles gut.

Das kann jetzt immer wieder passieren, sobald Sie anfangen, auf diese Weise zu leben. Fangen Sie an – und staunen Sie.

Teil 4: Ein Wunder für die Welt

Wenn möglich: Noch ein Wunder für die Welt.

Ein Wunder ist ein Wunder … Lassen Sie uns etwas absolut Unmögliches, restlos Abgehobenes probieren – machen wir's einfach:

Wir stellen uns jetzt einmal vor, dass es überall in Afrikas Wüsten regnet – sogar ein- bis zweimal pro Woche. Kopfvideo: Über dem Meer formieren sich dicke Regenwolken und ein Sturm fegt sie über den afrikanischen Kontinent. Dort bleiben sie über den Wüsten stehen und regnen ab. Schon nach kurzer Zeit sprießen die Wüstenrosen, dann kommen immer mehr Pflanzen dazu, alles wird grün und ganz Afrika wird reich. Sie denken dabei: »Das passiert jetzt einfach – durch den Klimawandel ist alles möglich – endlich bringt er auch einmal etwas Gutes.«

Die Kinder Afrikas planschen glückstrahlend durch die Pfützen und tanzen und singen mit den Erwachsenen um die Wette. Ganz Afrika freut sich – und wir freuen uns mit. Wir danken und jubeln für diese ›wunderbare‹ Sensation. Schauen Sie sich dieses Afrika-Kopf-Video zweimal am Tag an – vielleicht stellen Sie sich dazu noch in jeder Stadt und in jedem Dorf eine Friedensfahne vor … und fragen Sie in sich hinein: »Was kann ich tun?«

Sie können sich ebenso ein anderes ›Super-Projekt‹ ausdenken. Fangen Sie an, Hauptsache, das Projekt ist gut – gut für uns und gut für die Welt.

Zum Schluss noch ein Zitat von Vergil: »Mens agitat molam.« (Der Geist bewegt die Materie). Virgil hat es damals schon gewusst.

Lassen Sie sich inspirieren und leben Sie von nun an in der Freude. Ich wünsche Ihnen die wunderbarsten kleinen und großen Wunscherfüllungen und Wunder - und gigantisch viel Spaß dabei!

Literatur

Lesen Sie die Bücher aus der Literaturliste, deren Zitate Ihnen am besten gefallen haben. Nach und nach eröffnet sich Ihnen eine Weisheit nach der anderen – glauben Sie mir, es wird immer spannender, es wird phantastisch. Und irgendwann einmal überkommt Sie dann vielleicht ein Blitzgewitter an Glücksgefühlen und Sie erleben die von allen Weisen so hoch gepriesene Glückseligkeit des Geistes. Die Höhere Dimension kann der absolute Wahnsinn sein.

Badde, Paul	Heiliges Land – auf dem Königsweg aller Pilgerreisen (2010)
Braden, Gregg	Im Einklang mit der göttlichen Matrix – Wie wir mit allem verbunden sind (2012)
Brahm, Ajahn	Nur dieser Moment – Anleitungen für die buddhistische Praxis (2009)
Broers, Dieter	Gedanken schaffen Realität – Die Gesetze des Bewusstseins (2010)
Chopra, Deepak	Das Tor zu vollkommenem Glück – Ihr Zugang zum Energiefeld der unendlichen Möglichkeiten (2006)
Dalai Lama	Die Essenz der Lehre Buddhas (2014)

David-Neel, Alexandra	Die Geheimlehren des tibetischen Buddhismus
Eliade, Mircea	Schamanismus und archaische Ekstasetechnik (1954)
Giani, Leo Maria	Die Welt des Heiligen – Die Wurzeln unserer Kultur (1997)
Gyatso, Geshe Kelsang	Einführung in den Buddhismus (2017)
Haanel, Charles Francis	The Master Key System – 24 Schritte, um das Leben zu meistern (2009)
Harner, Michael	Der Weg des Schamanen, Das praktische Grundlagenwerk zum Schamanismus (2013)
Hollerbach, Lothar	Der Quanten-Code – Heilung und Selbstheilung durch die Urenergie (2012)
Kuby, Clemens	Unterwegs in die nächste Dimension – Meine Reise zu Heilern und Schamanen (2008)
Mingyur, Yongey Rinpoche	Heitere Weisheit – Wandel annehmen und innere Freiheit finden (2009)
Nydahl, Lama Ole	Das Große Siegel
Paramahansa-1 Jogananda	Autobiographie eines Yogi (2005)
Paramahansa-2 Jogananda	Die Ewige Suche des Menschen – Gesammelte Vorträge und Essays – Gott im täglichen Leben verwirklichen (2005)
Ruiz, Don Miguel	Das Fünfte Versprechen – Wie man richtig zuhört (2012)

Swami Sri Yukteswar	Die Heilige Wissenschaft (1855-1936 gelebt)
Tepperwein, Kurt	Die Geistigen Gesetze – Erkennen, verstehen, integrieren (1992)
Villoldo, Alberto	Die Vier Einsichten – Weisheit, Macht und Gnade der Erdenwächter (2008)

Ein Wunder für mich

– und eins für die Welt